プロ経営者の時代

有森隆
ARIMORI Takashi

千倉書房

▼まえがき

有名企業を渡り歩くプロ経営者が脚光を浴びたのは二〇一四年である。畑違いの通信教育大手のベネッセホールディングスの会長兼社長に転身した原田《はらだ》泳幸《えいこう》。コンビニエンスストアのローソンからビール・飲料のサントリーホールディングスの社長に転じた新浪剛史《にいなみたけし》。清涼飲料の日本コカ・コーラのマーケティングでの実績が買われ、化粧品の資生堂社長に招かれた魚谷雅彦《うおたにまさひこ》。華麗な転身が経済・産業界で関心を集め、プロ経営者という言葉は流行語になった。

彼等の先輩格が、医療品大手の米ジョンソン・エンド・ジョンソン日本法人の社長を経て、スナック菓子カルビーの会長となった松本晃である。日本ゼネラル・エレクトリック（GE）会長から、住設機器のリクシル（LIXIL）グループの社長に就いた藤森義明も有名人の一人だ。

この五氏には共通点がある。プロ経営者として彼らを招聘したのがオーナーまたは創業家であることだ。新浪氏を除き、前職が外資系企業であること。ほとんどが米国大学のビジネススクールで

ＭＢＡ（経営学修士）の資格を取得していることなども共通点に数えられよう。松本晃は伊藤忠商事で切った張ったをやってきた。

米国のビジネススクールで学び、外資系企業で育った人々の評価が高まったのは、金融商品取引法の下、業績の四半期開示が義務づけられたことと関係している。三カ月（四半期）ごとに売上高、利益のほか、通期の業績見通しを明らかにしなければならなくなった。二〇〇四年度から連結ベースでの開示が義務付けられた。

米国企業の経営者は長らく四半期という短期の業績で評価されてきた。そのため多くの米国企業では、ＭＢＡを取得し、金融系のバックグラウンドをもつ人物がＣＥＯ（最高経営責任者）に就き、株価を意識した経営が行われている。四半期の業績が良ければ株価は上がり、悪ければ下がる。四半期業績と株価に基づき、経営トップの首のすげ替えが日常的に行われてきた。株主重視の経営スタイルと言えば聞こえがいいが、経営トップは「やっていられない」とぼやきたくもなる。

日本企業は伝統的に内部から昇格した、生え抜き組がトップに就くことになってきた。

米国の経営コンサルティング会社「Strategy&《ストラテジーアンド》」が、二〇一三年に世界の上場企業二五〇〇社を対象に調査したところ、新任トップを外部から招いた企業の割合は米国（カナダを含む）で二三％、欧州で二五％に上ったのに対し、日本は三％にすぎなかった。トップが他社で業務を経験した割合は日本が一五％と、米国の八三％、欧州の七四％を大きく下回った。

欧米では、たとえ内部昇格のトップでも、他社を渡り歩いて腕を磨いてきたキャリアの持ち主が多い。他流試合の経験もなく、純粋培養で育った日本の生え抜き経営者とは決定的に違っている。日本も、かつてはそうではなかった。経団連の初代会長の石川一郎から、四代目会長の土光敏夫までの著名な経営者に共通していることがある。経団連会長になるまでに、学者や官僚、複数の企業トップを務めており、他流試合の経験が豊富だ。

ダグラス・マッカーサーに「用があるなら、こっちに来ればよい」と啖呵を切り、気骨の人と呼ばれた二代目会長の石坂泰三は、戦前の第一生命保険社長から、戦後、経営危機に陥った東京芝浦電気（現・東芝）社長に転じた。土光は石坂の要請で石川島播磨重工業（現・ＩＨＩ）社長から東芝社長になった。両氏とも正真正銘のプロ経営者だった。

戦後の混乱期から高度成長期の初期までは、プロ経営者たちが活躍した時代だった。高度成長を経て安定期に入り、生え抜き社長の時代を迎えた。「財界人が小粒になった」と言われるのは、他流試合で鍛えられた経営者がもつダイナミズムが消え去ったことと無縁ではない。

いま、プロ経営者の待望論が高まっている。市場のグローバル化に伴い、否応なく世界と向き合わざるを得なくなったからだ。日本企業のオーナーや創業者は、ドメスティック（国内）企業からグローバル（国際）企業に脱皮するため、短期の業績と株価を重視する米国式経営で鍛えられたプロ経営者に経営のカジ取りを託すことにしたわけだ。

現在、プロ経営者はまだ少数派だ。彼等が切り拓いた道が主流になるかどうかを決めるのは成功の二文字である。

本書は三部構成にした。

第一部は現代のプロ経営者を取り上げた。グローバル型の草分けともいえる元新生銀行の八城政基をはじめ、サントリーホールディングスの新浪剛史、リクシルグループの藤森義明、ベネッセホールディングスの原田泳幸、資生堂の魚谷雅彦、カルビーの松本晃など、新旧のプロ経営者の代名詞となった人々のほかに、低空飛行を続ける日の丸半導体企業の企業文化を変えようと苦闘したルネサスエレクトロニクスの作田久男、あきんどスシローの水留浩一など八人。ヒール（悪役）になった人もいるし、評価が定まっていない人物も敢えて取り上げた。

現代のプロ経営者として評価が高いのはカルビー会長の松本晃である。

第二部は戦前と戦後の復興期に活躍したプロ経営者の群像である。

日露戦争（明治三七〜三八年）後、工業化が進展するにつれ、外部から招聘した経営者が活躍する。戦前はプロ経営者の時代だった。戦後、公職追放で経営者の世代交代を余儀なくされた混乱期に、日本経済の新しい枠組みをつくったのは、戦前のプロ経営者たちだった。

宮島清次郎と、その門下生である小林中、水野成夫、永野重雄、桜田武の「財界四天王」。財界四天王が師と仰ぐ、〝電力の鬼〟松永安左エ門である。

第三部は戦後の復興期の最後のプロ経営者である土光敏夫と、その師匠である〃財界総理〃の石坂泰三。そして大衆消費時代のトップランナーとなる松下電器産業の松下幸之助、ソニーの井深大、キヤノンの御手洗毅を選んだ。彼等が、どう出発したかに焦点を当てる。

過去のプロ経営者は次の時代を切り開いてきた。現代のプロ経営者は、現実と、どう切り結ぶのか。

文中、敬称は略させていただいた。

二〇一五年七月

有森隆

プロ経営者の時代

▼▼▼

目次

第I部

再び「プロ経営者」の時代が来た

1

世界一のウイスキー会社を目指し、問われる力量

新浪剛史

（サントリーホールディングス代表取締役社長）

【略歴】

一九五九年一月三〇日、神奈川県横浜市に生まれる。神奈川県立横浜翠嵐高校卒業。八一年慶應義塾大学経済学部を卒業し、三菱商事に入社。九一年、ハーバード大学経営大学院修了（MBA取得）。九五年ソデックスコーポレーション（現・LEOC）代表取締役。九九年、三菱商事生活産業流通企画部外食事業チームリーダー。ローソンプロジェクト統括室兼外食事業室長を経て二〇〇二年五月、ローソンの社長に就任。ローソンの経営に専念するため三菱商事を退職。出向ではなく、片道切符でのローソン行きとなった。〇五年、ローソンの社長兼CEO（最高経営責任者）。一四年五月から会長。一四年一〇月、サントリーホールディングス社長に就任。一三年一月、産業競争力会議民間議員、一四年九月。経済財政諮問会議民間議員。

★

サントリーホールディングスの社長に二〇一四年一〇月一日、ローソンから招聘した新浪剛史が就任した。創業家以外から初めて経営トップになる新体制が始動した。

同日、東京・台場のサントリーHD東京本社。大柄の体をグレーのスーツに包んだ新浪は、トレードマークの日焼けした顔から真っ白な歯をのぞかせ、第一声を放った。

「やってみなはれ」

横浜生まれの新浪に関西弁はまったく似合わないが、失敗を恐れず挑戦するこの言葉が大のお気に入りだ。「『やってみなはれ』のスピリットで、ともに挑戦していこう」と呼び掛けた。その姿は社員向けの動画サイトにアップされた。

「やってみなはれ、やらなわからしまへんで」はサントリーの創業者、鳥井信治郎の言葉である。信治郎は「スコッチばかりがウイスキーではない」という気持でウイスキーの醸造を始めたが、この計画は荒唐無稽だとして役員全員が反対した時、信治郎がこう言った。サントリーのバックボーンになっている言葉である。

▼▼▼ ローソンからサントリーへ電撃移籍

「新浪氏がサントリーの次期社長に」――。二〇一四年六月二四日、複数の媒体がこう報道した。サントリーは「報道された内容について、具体的に決定した事実はありません」と型通りの発表をした。ところが、サントリーHD会長兼社長の佐治信忠は同日、コンビニエンスストア、ローソンで一二年にわたり経営トップを務めた新浪剛史を新社長に迎えることを、直撃取材で認めていた。

「私の勘として、この人は立派にサントリーを経営してくれると思う。だから選んだ」

と明言したのである。

佐治と新浪は慶應義塾大学の先輩後輩の間柄で昔からのゴルフ仲間だ。気心が知れているうえに、新浪は米国に留学経験があり、世界の政財界の要人が集まり意見を交換するスイス・ダボス会議に出席するなど国際的な人脈も豊富だった。こうした実績に佐治は着目。一一～一三年前から「(新浪が)意中の人で、ほかは考えなかった」という。

実は、新浪は二〇一三年秋に佐治から正式に社長就任の打診を受けた。これは佐治がバーボンウイスキー「ジムビーム」で知られる米ビーム社を買収することを決断した時期と重なる。

「ジムビーム買ったから一緒にやろう」

〈佐治は新浪より一回り以上、一三歳年上だ。しかも伝統ある企業のトップ。「(社長を)やってくれ」と上から目線で言ってもおかしくない。それなのに「一緒にやろう」と声をかけた。新浪の胸に、この言葉が響き、サントリー入りを決めたという〉[★1]。「心意気の人」新浪らしいではないか。「サントリーの社長を受けたいと思います」と答えた。

二〇一四年春、新浪は三菱商事会長の小島順彦と相談役の佐々木幹夫を訪ねた。胸の内を打ち明け、後任について相談した。ローソンの社長になるについて、最初のレールを敷いてくれた佐々木(当時社長)、小島(同副社長)に、「まず相談した上で、佐治さんに『イエス』と伝えた」。五月にローソンの最高経営責任者(CEO)を退くなど「転身」の準備を着々と進めてきた。

二〇一四年七月一日、新浪のサントリーHD社長就任が正式に発表され、新浪は時の人となった。創業一一六年の名門企業が、創業家以外からトップを初めて選んだのだ。「プロ経営者」という言葉が新浪の代名詞になった。

▼▼▼三菱商事でローソン買収の実務を担当

新浪剛史はM&A（合併・買収）の衝撃を実際に経験している。

吉岡秀子著『プロ経営者　新浪剛史』によると、〈一九九九年の某日、ダイエーの創業者、中内《なかうち》切《いさお》から「ローソンを売ることになったけど、興味はないか」と直接、電話を受けた〉[★2]。中内が主催する勉強会に若い時に参加していた縁で声が掛ったのだ。当時、三菱商事は新規の大口の投資先を探していた。その一つがコンビニエンスストアだったこともあって、中内から極秘の情報を貰った後、課長級の社員を集めて「ローソン買収」の検討会を開くことになった。流通担当の新浪が事務局長を務め、この時のリーダーが当時副社長で、現在は会長の小島順彦だった。

「小島さんは分かっていない!!」

勉強会では、副社長の小島に一八歳年下の新浪が激しい口調で詰め寄る姿がみられた。紳士の集団といわれる三菱商事で、副社長に面と向かって声を荒げる部下は皆無だった。

小島との出会いが、新浪のサラリーマン人生を決定づけた。

二〇〇一年二月、三菱商事は経営が悪化したダイエーに代わってローソンの筆頭株主になった。ローソンとの取引の窓口だった新浪が新しい戦略を練った。組織図上では自分がローソンの副社長として入社するシナリオを描いた。だが、小島は新浪をローソンの社長として一気に抜擢したのである。

「三年で結果を出せ」

当時、三菱商事取締役社長であった佐々木幹夫が新浪に与えた宿題だ。ローソンは二〇〇一年二月期決算で既存店売り上げが三年連続で前年割れとなっていた。三菱商事は二〇〇〇億円以上を投じてローソンの株式を取得したが、企業価値は既に半分以下になっていた。ローソンを立て直し株価を上げるという、さし迫った課題を引っ提げて、〇二年に新浪はローソンにやってきた。

弱冠、四三歳という若さでローソン社長に就いた新浪を、マスコミが放っておくはずがない。大企業の安全地帯からコンビニに飛び込んだ新浪を「コンビニ業界の風雲児」と呼んだ。

▼▼▼ 株主総会当日、加盟店オーナーが抗議の自殺

ローソンの社長としての第一歩は最悪だった。

二〇〇二年五月、ローソンの株主総会が大阪市内で開かれた。ダイエー出身の社長が会長に退き、新浪が新社長に選任される、晴れの株主総会である。

新浪は、株主総会が閉会した直後に、実にショッキングな報告を受けた。

加盟店オーナーが自ら命を絶ったのだ。株主総会の会場となったビルの階段で首を吊った。ロー

ソン旧経営陣に対する抗議だった。家族に宛てたもの以外に遺書が残されていた。株主総会で社長から会長に退いたダイエー出身の藤原謙次宛と新社長の新浪剛史宛だった。

この悲劇は秘匿され、今日に至っている。もちろん、社史に載る類の話ではない。

経済ジャーナリストの財部誠一が『ローソンの告白』（ＰＨＰ研究所）で、この事実を初めて新浪自身に語らせている。

〈新社長に選任された新浪が果すべき最初の役割は、遺族の元を訪ねることだった。新浪は、亡くなったオーナーの妻子を前にひたすら土下座したという。

「亡くなられた加盟店のオーナーの抗議内容を知って、こんなひどい会社はつぶれて当然だ。いや、つぶすべきだとも思った。一方で、多くの加盟店のオーナーの人生がローソンにかかっていることへの責任も感じた」

そんな思いで新浪はひたすら頭を下げた。

「ローソンは加盟店に対してほんとうにひどいことをやっていた。亡くなられたオーナーの方は、ひどい扱いを受けていた。調査しましたが、一方的にお詫びするしかない内容でした。（中略）ダイエーの救済が至上命令の役員たちがローソンにはいた。お客さまなど眼中にない。加盟店も見ていないし、社員も見てやしない。その矛盾が爆発したということです」

亡くなったオーナーの遺族が、許しを請う新浪に涙ながらにこんな言葉を伝えたという。

「二度と加盟店を不幸にしないでほしい。頑張ってください」

これまでの商社勤めでは経験したことのない鮮烈なものだった。新浪は決意した。〈逃げてはダメだ。すべて自分で変える〉〔★3〕。

株主総会で加盟店のオーナーが抗議の自殺したことが新浪剛史の経営者としての負の出発点となった。

買収した商社からコンビニについて何も知らない若造が落下傘で降下してきたのだ。「どうせ、二、三年もすれば三菱商事に帰るんだろう」。

ローソンの社内では、こう囁かれた。加盟店のオーナーからは強烈なアレルギー反応が起きた。まずはお手並み拝見といった冷ややかな雰囲気が充満した。

社員が一目置くようになったのは、まず新浪の運動神経に対してだった。新浪は自他ともに認める「体育会系」である。横浜翠嵐高校時代はバスケットボールに熱中した。慶應義塾大学在学中は器械体操部のマネージャーを務め、三菱商事でもバスケットボールに汗を流した。今でも毎朝、腹筋・背筋一〇〇回ずつ、腕立て伏せ二五回、マンションの階段五階分の上り下りを、速足で三セットこなす。

スポーツで一緒に汗を流すことで、社員の中に溶け込んでいった。体育会系経営者の特徴はスポーツなら勝ち負け、経営なら業績（数字）と、ゴールがはっきりしていることだ。

▼▼▼セブン-イレブンとは違うコンビニづくり

ローソンの社長に就いた新浪剛史は、首位を独走するセブン-イレブン・ジャパンに追いつき、追い越せを目標に走り出した。そして、加盟店のオーナーを最優先に考える経営姿勢を貫いた。

コンビニ業界は長らく、「セブンのまねをしていれば儲かる」という時代が続いた。新浪はセブンとは違うコンビニをつくることを目指した。

象徴的なのは二〇〇二年一一月に発表した新ブランド「おにぎり屋」だ。高級なおにぎりというイメージを定着させることに成功し、利用者に「おにぎりといえばローソン」と認知されるまでになった。一年間に六億五〇〇〇万個を売り上げる大ヒット商品となった。

新浪は店舗改革のために加盟店を行脚した。

「東京・赤坂にあるローソンで、独自に野菜を置いていた。そこで、おばあさんが野菜を買っていく姿が、生鮮食品をやろうと決意する原点になった」［★4］

二〇〇四年夏、新しいコンビニ作りのプロジェクトを立ち上げた。野菜などの生鮮食品を小分け・適量にして一〇〇円で売るという一〇〇円生鮮コンビニというコンセプトだった。

二〇〇五年五月、東京・練馬に「ローソンストア100」の一号店がオープンした。「コンビニに野菜?」に焦点をあて、多くのマスコミが取り上げた。しかし、話題作りはここまでだった。一週間で客足は途絶え、一年後に閉店に追い込まれた。事業自体、二年間で赤字が一六億円に膨れ上がった。

ローソンストア100の実行部隊長である執行役員の河原成昭は「ストア100をこれ以上続けたら、さらに赤字が膨らみかねません。撤退する勇気も必要ではないでしょうか」と述べ、新浪に辞表を出した。

しかし、「継続は力なり」が新浪の経営理念の一つである。ほんの少しでも先に光明が見えている限り、簡単には諦めない。ストア100のプロジェクトメンバーに対して新浪は断言した。

「私はストア100は絶対に諦めません。新しい客層を開拓しない限り、この先ローソンは生き残れないでしょう。私はこのプロジェクトは必ず成功すると信じています」[★5]

そこで新浪はライバルのM&A(合併・買収)に動く。戦線を縮小するのではなく拡大するのだ。二〇〇七年に生鮮食品コンビニの先駆けである九九円コンビニ「ショップ99」をチェーン展開する九九プラスに出資し、〇八年に子会社にした。その後、店名を「ローソンストア100」に替えて店舗網を拡大した。

生鮮食品を扱うミニスーパーと一〇〇円ショップの機能を融合させた「ローソンストア100」

はデフレ下で低価格志向を強めていた消費者に受け入れられ、二〇一〇年に一〇〇〇店の出店を果した。二〇一四年一二月末現在、東京、名古屋、大阪、福岡など大都市圏を中心に一一五六店にまで拡大している。

周囲の反対を押し切って続けたかいがあって、ようやく「ローソンストア100」は軌道に乗り、新浪の〝成功物語〟の一頁を飾った。

食品スーパーに敗れた一〇〇円コンビニ

コンビニの特性の一つに、どの店でも同等のサービスを受けられるという均質性がある。新浪は、その逆の多様性を追求した。生鮮食品を品ぞろえした「ローソンストア100」、健康志向の商品を扱う「ナチュラルローソン」、小型スーパーの「ローソンマート」は、新浪の多様性の追求から生まれた、手作りの〝作品〟である。多様化する消費行動に大きな網をかけようという試みだった。

だが、理想と現実は違う。ローソンは二〇一五年一月二九日、「ローソンストア100」の二割強にあたる二六〇店と、「ローソンマート」全三九店舗を、二〇一六年春までに閉店すると発表した。クローズする店舗のうちの一〇〇店は、健康志向の商品を扱う「ナチュラルローソン」や、ドラッグストアを併設する新しいコンビニに変える。独自の品揃えをする都市型の食品スーパーとの競争が激しく、ローソン100の既存店売り上げは二〇一四年一二月まで、三一カ月連続で前年実績を下回った。二〇一四年二月にスタートしたローソンマートは、三年で五〇〇店という目標からほど遠い三九店にとどまっていた。

「ローソンストア100」は新浪の〝成功物語〟の聖地だったから、新浪がローソンを去って初めて玉塚元一社長が閉鎖を決めた。

▼▼▼中国で一万店出店という大風呂敷

中国唐代の詩人・李白の詩になぞらえ、大袈裟な誇張を「白髪三千丈」と称することがあるが、新浪剛史の発言は「白髪一万丈」と揶揄された。

二〇一二年一〇月三日、決算発表の記者会見で、沖縄県・尖閣諸島の国有化で日本との関係が緊迫していた中国市場での出店政策について、「計画通り進めていく」と強調し、「二〇二〇年までに一万店に拡大する計画は変えない」と言い切ったのである。

中国政府の外国企業誘致策は長らく雇用創出効果と投資金額が大きい製造業が主役だった。しかし、二〇〇八年のリーマン・ショック後は、内需振興策として内需の拡大に直結する流通サービス業が新たなターゲットとなった。新浪がビジネス拡大の好機と判断したのは間違っていなかった。

現地政府からの誘いで重慶市に一〇〇%子会社を設立、一〇年七月に重慶ローソン一号店を開店した。日系コンビニ初の内陸部への進出である。新浪は一〇年九月初め、オープンしたばかりの店舗の視察と重慶市長など現地政府幹部との面談を兼ねて重慶を訪問。「今後一〇年で五〇〇〇店、いや一万店まで増やす可能性がある」とぶち上げた。

しかし、日中関係は悪化した。反日デモの騒乱で、中国での出店が計画通り進むのか危ぶまれる事態となった。だからといって、いまさら「一万店出店」の旗を降ろすわけにはいかない。「二〇二〇年までに一万店に拡大する計画は変えない」という発言が中国政府向けだったことは明らかだ。

新浪は経済人であると同時に政治的なパフォーマンスを上手にこなす素質がある人間なのだ。「新浪さんが数字を言い出したら、マルを一つ、いや二つ減らして考えた方がいい」(流通業界の首脳)と言われるようになっても新浪は動じない。平然と壮大な打ち上げ花火を上げ続けた。「目標は高くなければならない」という持論を、営業の最前線で実践してきた。

少し小さな声で言うが、二〇一五年二月末現在、中国のローソンは上海、重慶、大連、北京の四都市、五〇七店舗だ。

新浪は、これはと思った人物に権限を与え、自らは経営の打ち上げ花火師の役割を演じ続け、成功を収めた。

▼▼▼ローソン株で六二〇億円の戻し益

新浪はローソンの経営を立て直すというミッションを成し遂げた。一二年間ローソンの社長を務め、一一年連続増益を達成した。低迷していたローソンの株価は大幅に上昇した。

総合商社の二〇一五年三月期の連結決算（国際会計基準）は、原油や鉄鉱石などの資源価格の下落で減益になったが、三菱商事の当期利益は前期比五％増の四〇六三億円と増益だ。エネルギー事業では減損損失を計上したが、資源以外の部門で利益の上積みがあったからだ。

とりわけ、過年度に減損処理したローソンの株式の戻し益六二〇億円が寄与した。三菱商事は国際会計基準（ＩＦＲＳ）を採用しているため、過年度に減損処理した資産について、価格（＝価値）が戻れば戻り益が発生する。

二〇〇五年三月、子会社が保有していたローソン株式を、三菱商事が直接保有することにした際に、ローソンの株価が取得時を大きく下回っていたため減損処理をした。株価が回復し六二〇億円の戻り益が生じた。

新浪の最大の功績はローソンを支える加盟店オーナーの信頼を取り戻したことだろう。

二〇一四年五月の株主総会では、新浪の後継者の玉塚・新社長が議長を務めた。株主として出席していた多くの加盟店のオーナーから〝新浪コール〟が起こり、急遽、新浪が壇上にのぼる一幕があった。加盟店の信頼回復を経営の最優先課題としてきた新浪にとって、加盟店のオーナーの万雷の拍手は何よりの勲章となったことだろう。

M&A効果で国内食品メーカーの首位に

二〇一五年二月一六日、新浪剛史はサントリーHDの社長として初めての決算発表に臨んだ。サントリーが売り上げ、利益で国内食品メーカーの首位に立った輝かしい日であった。

二〇一四年一二月期の連結決算の売り上げは前期比二〇%増の二兆四五五二億円。一四年五月の米ウイスキー最大手ビーム社（現ビームサントリー）の買収で海外の売上高を七割増やした。長らくビール業界の盟主だったキリンホールディングス（一四年一二月期の連結売上高は二兆一九五七億円）を上回った。サントリーはキリンに二五九五億円の差をつけた。

本業の儲けを示す営業利益も三〇%増で一六四七億円となった。対するキリンは二〇%減の一一四五億円。キリンはサントリーだけでなく、アサヒグループホールディングス（営業利益一二八三億円）にも抜かれ、営業利益では三位に転落した。

二〇一五年一二月期のサントリーの売上高は八%増の二兆六五〇〇億円、営業利益は一七%増の一九三〇億円と過去最高益を更新する見込みだ。一方、キリンの売り上げは伸びず、両社の差はさらに広がる。

サントリーHDは一四年五月一日、米ビーム社の買収手続きを完了した。この結果、サントリーは蒸留酒売り上げで世界一〇位から第三位メーカーに急浮上した。買収金額は一兆六〇〇〇億円。

サントリーにとって過去最大の買収案件である。

新たに誕生したビームサントリーを一兆円企業に成長させ、グループ全体の年商を四兆円に引き上げること。新浪がまず手掛けなければならない重要なテーマである。

決算発表の席上、新浪は「世界には(清涼飲料で売上高が五兆円を超える)米コカ・コーラや(「ジョニーウォーカー」をもつ蒸留酒大手の)英ディアジオなどまだまだ上がいる」と語った。「二〇二〇年にはウイスキーで世界一を目指す」と力説した。「ビームを成功させることが次の大型の買収につながる」と考えており、ビームの経営体質の強化に取り組む。

▼▼▼大型買収で膨らんだ「のれん」代と商標権の償却

新浪サントリーは茨の道に踏み込んだといっていい。米ビーム社の買収でサントリーHDの借入金は膨らみ、一四年一二月期末の連結有利子負債は二兆四五三億円。前年同期の三・五倍となった。企業の負債(Debt)が株主資本(Equity)の何倍に相当するかを示し、経営の健全性の指標となる負債資本倍率(Debt Equity Ratio)は一倍以下が適正とされている。サントリーHDは一三年の〇・一倍から、ビームの買収で一時は一・五倍に膨らんだ。当面、借入金の返済を優先させ、一六年末までに一倍以下に抑える方針だ。新浪が社長に招聘されたのは次の大型買収を成功させるためだが、当分、大型のM&Aには手が出せない状況だ。

「のれん」代は厄介だ。一四年一二月期の、のれん代は前年同期比二・七倍の一兆一一八七億円、商標権は七・一倍の一兆三二三九億円に膨張した。企業を買収した際に支払った金額と買収先企業の純資産の差額を、のれん代という。日本の会計基準では二〇年以内に毎期定期償却する必要がある。

大型の企業買収をおこなえば、のれん代の償却負担が業績に大きな影を落とすことになる。サントリーの一五年一二月期の業績予想では、のれん代等償却前の営業利益が二六一〇億円。のれん代等の償却後は一九三〇億円に目減りする。六八〇億円が、のれん代などの償却に充当されるわけだ。

これは新浪がローソンでは経験したことのないリスクである。グループの年商四兆円を達成するには、新たな大型のM&Aが不可欠だ。大型買収をすれば、有利子負債や、のれん代・商標権はさらに大きくなる。

JTの自販機事業を買収

新浪のM&Aの初仕事は日本たばこ産業（JT）の自販機事業の買収だった。飲料子会社のサントリー食品インターナショナルが二〇一五年五月二五日、JTの飲料自販機オペレーター事業と飲料ブランド「桃の天然水」「Roots」を一五〇〇億円で取得することでJTと合意した。

JTが売却する自販機事業は業界四位で二六万台の自販機を保有する。業界首位の日本コカ・

コーラの保有台数は八三万台。二位のサントリー食品は四九万台。JTの自販機の買収でサントリー陣営は七五万台となり、日本コカ・コーラに肉薄する。

国内の自販機の運用を含む清涼飲料の販売シェア(二〇一四年、飲料総研調べ)は、一位が日本コカ・コーラ・グループ(二七・六%)、二位がサントリー食品(二〇・五%)。サントリーが差をつけられているのは自販機の設置台数だ。だから、JTの自販機は喉から手が出るほど欲しかったのだ。

だが、「高値つかみ」の声が出る。JTの自販機事業の中核会社、ジャパンビバレッジホールディングスは非上場企業のため、上場企業のように時価総額は算出できない。二〇一四年一二月期の総資産は九三九億円で純資産は五八四億円だ。事前の予想では総資産を若干上回る一〇〇〇億円程度で決着がつくとみられていたが、アサヒやキリンのビール大手が買収に意欲をみせ、買収金額が釣り上がった。競り落とすために、やむなくサントリーは一五〇〇億円という値段をつけた。

このため巨額の「のれん」代が発生する。買収価格と純資産の差額である「のれん」代は一〇〇〇億円見当になる。二〇年の定額償却として、年間ののれん償却額は五〇億円にのぼる。

サントリー食品の二〇一四年一二月期連結決算の売上高は前期比一二・一%増の一兆二五七二億円、営業利益は同一八・二%増の八五九億円。のれん代の償却が今後は、今後は減益要因になる。

買収(=攻め)と借入金などの負担を減らすこと(=守り)のバランスをどう取るのか。これが崩れると、奈落の底に崩れ落ちることにもなる。

新浪にとって、自販機事業の買収は初めて尽くしだった。本物の「プロ経営者」であるかどうかの力量を問われることになる。

2

ドメステックな住宅設備会社からグローバルなテクノロジー企業へ

藤森義明

（リクシルグループ代表取締役社長兼CEO）

【略歴】

一九五一年七月三日、東京都生まれ。東京都立田園調布高校、東京大学工学部卒業。七五年、日商岩井（現・双日）入社。八六年、日本ゼネラル・エレクトリック（GE）に転職。九七年、米本社役員。二〇〇一年から米本社上席副社長。〇五年、日本GE会長。〇八年、日本GE会長兼社長兼CEO。一一年三月、日本GE会長。同年六月、住生活グループ（現・リクシルグループ）取締役。一一年八月、住生活グループ（同）社長兼CEO（現職）。一二年、東京電力社外取締役、一三年一月、産業競争力会議民間議員。

★

十八番の海外M&Aで六六二億円の大損失

スター経営者、藤森義明に思わぬ落とし穴が待っていた。

住宅設備最大手、リクシル（LIXIL）グループは、中国で住宅の水回り設備を手掛ける子会社の破産手続きに伴い、二〇一四年三月期から一六年三月期までの三年間で、六六二億円の損失を計上することになった。海外のM&A(合併・買収)で業績を急拡大してきた藤森には、大きな痛手となった。

破産手続きに入ったのは中国で水栓金具や衛生陶器の製造・販売行うジョウユウ(本社・ドイツ、フランクフルト証券取引所上場)。二〇一五年五月二二日(ドイツ時間)、ドイツ・ハンブルグ地方裁判所に破産手続きの開始を申し立てた。ジョウユウは二〇一四年に四一〇九億円で買収した独水栓金具大手、グローエ(本社・ドイツ)の傘下の企業だった。

ジョウユウの中国系創業者一族による不正な会計処理と巨額の簿外債務が発覚したことが破産の引き金となった。藤森が、この事実に初めて気付いたのは四月中旬。ジョウユウの完全子会社の商業手形が不渡りになったという内容の書簡が、中国の銀行から届いたのだ。この商業手形はジョウユウの創業者の親子(CEOとCOO)が個人保証していた。

藤森は特別監査チームをジョウユウに送り込んだ。創業者による簿外債務が見つかった。ジョウユウが公表している二〇一四年一二月期の純資産は六三七億円だったが、実態は債務超過になっていた。藤森は創業家の最高経営責任者(CEO)らへの法的措置を講じる。

ジョウユウの破産に伴う損失の内訳は、ジョウユウの株式価値の毀損で三二〇億円、同社の借金の肩代わり(リクシルの債務保証)で三三〇億円を見込む。このほか、今回の調査費用も含め、六六二億円の損失を確定した。

二〇一四年三月期と、公表を延期していた一五年三月期の損失は合計で三三〇億円に達した。損失がほぼ確定させたことから、既に発表済みの一四年三月期の連結純利益を四四七億円から二〇九億円に下方修正。一五年三月期の連結純利益も従来予想の二四五億～三一〇億円から二二〇億円に引き下げた。営業利益は五三〇億～六〇〇億円から五一五億円に減額したが、当初、懸念された赤字転落は回避した。

日本の会計基準だと二〇一六年三月期の連結純利益は前期比八六・四%減の三〇億円にとどまる見通しだ。一六年三月期から移行する国際会計基準（ＩＦＲＳ）の連結純利益は二二五億円を想定している。のれん代の償却がＩＦＲＳでは出ないため、見かけ上の純利益は膨らむ。

六月八日に都内で記者会見した藤森は「グローバル戦略は引き続き推進する。一時的に減速しても方向性は変えない」と強調したが、「二〇二〇年三月期に海外売上高一兆円」という目標の達成は厳しくなった。

ジョウユウの親会社、独水栓金具大手のグローエをリクシルは子会社にしている。今後、グローエの資産価値が大きく毀損するとどうなるか。ＩＦＲＳに会計基準を変え、当面の利益の目減りは回避できるが、ＩＦＲＳだと、子会社の資産価値が落ちたことがはっきりしたら、一気に減損処理に追い込まれる。巨額の減損処理が待っているかもしれない。

十八番《おはこ》の海外Ｍ＆Ａで失敗した藤森義明は「プロ経営者」として正念場に立たされた。

▼▼▼東京電力の次期会長候補との観測

二〇一五年の新年早々、財界は東京電力の会長人事で騒然となった。六月に任期が切れる數土《すど》文夫会長の後任に、東電の社外取締役でリクシルグループの社長兼CEOの藤森義明が、政府から就任を打診されているという、フライング気味の報道が駆け巡ったからだ。福島第一原子力発電所事故の発生以前の東電は、財界の頂点を形式する会社の一つだった。その東電のトップに藤森が立てば異例の大出世となる。

政府の産業競争力会議民間議員、経済同友会の副代表幹事を務めるなど財界活動に力を入れていて上昇志向の強い藤森が、財界の雄・東電の会長ポストを足掛かりに、財界のニューリーダーになる野心を抱いたとしても、なんら不思議はない。だが、海外企業の買収を主導してきた藤森が東電会長になったら、リクシルはリーダーが不在になる可能性が高い。同社の株価は急落した。

二月二日の決算会見(二〇一四年四月~一二月期連結決算)で去就を尋ねられた藤森は、「リクシルにずっといる」と明言した。株式市場で「ここで藤森氏がいなくなれば、まさに敵前逃亡だ」との声が上がっていたことも微妙に影響したようだ。

藤森と、彼が社外取締役を務める東電の因縁は浅からぬものがある。二〇一四年五月、経済同友会の次期トップ人事を巡り、日本経済団体連合会(経団連)、経済同友会、日本商工会議所の財界三団体の幹部に怪文書が郵送されてきた。タイトルは「元GE上級副社長、藤森氏（現リクシル社長）は十数万の被災者を見捨ててGE製の福島原発事故から逃げた！」

二〇一一年三月一一日に発生した東電福島第一原発事故についていえば、ゼネラル・エレクトリック（GE）は一、二、六号機の建設を主導したメーカーである。原発事故当時の日本GEの責任者は藤森。しかも、事故から数カ月後に、この重大事故の後始末を投げ出して住生活グループ（社名変更前のリクシル）の社長に転身した。「GEはメーカーとして道義的責任があるのに、（藤森は）原発事故から逃げた」と糾弾する内容の怪文書だった。

藤森が、もし、東電の会長になれば、この話が蒸し返されるのは確実だった。

▼「二〇世紀最高の経営者」ジャック・ウェルチ

藤森義明が目標とする経営者はジャック・ウェルチ、座右の書はジャック・ウェルチの『ウイニング　勝利の経営』――。

藤森の経営者人生に大きな影響を与えたのは、米GE「伝説の経営者」といわれるジャック・ウェルチである。

発明王、トーマス・エジソンが創業者の一人であるGEは、航空機エンジン、医療機器、発電所、鉄道車両など多くの事業を手がけるコングロマリット（複合企業）で、売上高は一四兆円にのぼる。

ジャック・ウェルチは一九八一年から二〇〇一年にかけてGEのCEOを務めた。この二〇年間に、売上高を五・二倍、純利益を八・四倍に伸ばし、世界一の株式時価総額を誇る巨大複合企業に育て上げた。一九九九年には米『フォーチュン』誌で「二〇世紀最高の経営者」に選ばれた。

ウェルチの経営手法は「選択と集中」として知られる。三〇を超える事業分野を持っていたGEを、世界でナンバーワンかナンバーツーになれる事業だけに経営資源を集中。それ以外の事業は他社に売却して撤退する方針を打ち出した。集中した分野での業績を徹底的に伸ばし、不採算事業の足枷がなくなったGEを見事に復活させた。

若い商社マンだった藤森は「もっとすごい人、もっと自分を成長させてくれる人に出会いたい」との思いから、日商岩井からジャック・ウェルチが率いるGEに転職した。

▼入社半年でウェルチにプレゼン

一九八六年一〇月、藤森は日本GEに入社した。三五歳の時である。肩書はビジネス・ディベロップメントマネージャー（事業開発部長）だ。ただし、部下はゼロ。M&A（合併・買収）を武器に、米本社の事業を日本で展開させる足場を築くのが仕事だった。

入社して半年後の一九八七年二月、ジャック・ウェルチが来日した。藤森は上司から「入社してからの今までの成果を直接プレゼンテーションせよ」と命じられた。

藤森はブラジルの医療機器ビジネスについて説明した。政情不安でインフレに悩むブラジルに、欧米の銀行はリスクを嫌って、どこも融資をしなかった。ＧＥは南米で医療機器を売りたいと考え、世界中のグループ会社に「ＧＥ製の医療機器を購入してくれる企業に融資をしてくれる金融機関を探せ」との指令が飛んでいた。藤森は勝手知った商社業界に声をかけ三菱商事がファイナンスに応じてくれることになった。米国はもちろん、欧州、日本でも、それまで誰もできなかった快挙だ。

〈私はブラジルの件について無我夢中でしゃべりました。私のプレゼンテーションが終わると「よくやってくれた、ありがとう」と厳しいことで知られるウェルチ会長から、感謝の言葉を頂きました〉[★1]

話し始めて一、二分で「ＯＫ！　サンキュー」と言って話をさえぎってしまうウェルチが、三〇分近く藤森の説明に耳を傾けた。しかも、驚いたことに、「来週、アメリカ本土で同じプレゼンするように」と言い残して帰国した。藤森は同僚の米国人に協力を請い、毎日三時間、練習をして渡米、本番に臨んだ。彼のプレゼンは大きな賞賛をもって迎えられた。

ウェルチに認められて大抜擢

思うにウェルチは、プレゼンの内容よりも、藤森が抜擢するに値する人材かどうかを、じっくりと観察して値踏みしていたのだろう。

その頃、GEの医療ビジネスは大きな転換期を迎えていた。それまでの米国中心からグローバル展開に大きく舵を切っていた。「日本に誰か人材はいないか」となったとき、「日本GEにはフジモリがいる」と白羽の矢が立った。藤森はGEメディカルに転じ医療機器部門を担当した。

ウェルチは医療機器ビジネスに高い関心を持っていた。GEメディカルに転じてからは直接会う機会が増えた。「米国本土で勝負したい」との訴えが通じ、一九九〇年一二月にGEメディカルの本社があるミルウォーキーに赴任した。それまで一兵卒だった藤森は、いきなり数百人の部下を率いる米本社の核医学（放射線検査装置）ビジネスのゼネラル・マネージャー（GM、部門長）に抜擢されたのだ。三九歳の時である。

そこから、一〇年余にわたってウェルチに経営者として、直接、鍛え上げられた。この強烈な体験が、藤森の経営に対する基本的な考えを形成している。

二倍、三倍のチャレンジを与えられる

藤森によると、ウェルチは「本人ができると思っていることの二倍、三倍のチャレンジを与えることがモチベーションを高める」と言っていたという。グローバルなビジネスを経験したことがない日本人の藤森を抜擢したように、ウェルチは、これと思った部下に二倍、三倍のチャレンジを与える人だった。

ＧＭとして実績を上げなければ、それで失格。藤森のＧＥでの生活は終わる。ハイリスクだが、藤森はまたとないチャンスと捉えた。

ウェルチから変革を任されたと判断し、迷うことなく事業の方向性を一八〇度変えた。核医学ビジネスのＧＭとして二年弱で収益を五割伸ばし、一九九二年、ＣＴ（コンピューター断層撮影装置）事業のＧＭに就くと、今度は三年間で収益を二倍にした。

一九九七年に、米ＧＥの副社長とＧＥメディカル・システムズ・アジア社長兼ＣＥＯに昇格した。日本人の副社長就任は初めて。ウェルチから「おめでとう」と電話で祝福された。副社長昇格に伴い、アジア地域での医療機器・システムの事業全体を統括した。ここでも就任してから売上高を二倍、利益を四倍に伸ばした。

二〇〇一年にＧＥ上席副社長に昇格し、プラスチック事業部門の社長兼ＣＥＯに就任。ＧＥは傘下に二〇の事業部門を持つが、日本人が部門のトップに就くのは初めてのことだった。二〇〇三年にはＧＥアジアパシフィックの社長兼ＣＥＯになった。

GEは世界各国に約三〇万人の社員を抱える。藤森はその頂点に立つシニア・バイス・プレジデント・コーポーレート・エグゼクティブ・カウンシル（執行役員会議）のメンバーに入った。世界のエグゼクティブの仲間入りを果たしても、厳しい評価にさらされカウンシルの顔ぶれは毎年入れ替る。だが、藤森は〇一年にこのポストに就いて以来、その椅子に座り続けた。

▼▼▼エレベーター・スピーチを徹底的に訓練

藤森は出世の階段を猛スピードで駆け上がっていった。激烈な競争社会で、米国人の同僚たちから頭一つ抜け出すために藤森が続けた努力は、並大抵なものではなかった。その努力の一つに、エレベーター・スピーチがある。

「この買収には落とし穴があります」「落とし穴とは？」

上司にアイデアを横取りされた主人公が、偶然乗り合わせたエレベーターで会社オーナーに、プランが自分のアイデアだったことを説明する。一九八八年の映画『ワーキング・ガール』のクライマックスのシーンは、「エレベーター・スピーチ」の典型例として知られている。主人公は、このスピーチをきっかけに解雇の瀬戸際から、取締役就任へと人生を一八〇度変える。

社内外の支援者を広げることが重視される米国では、エレベーター・スピーチが起業家やビジネスパーソンには必須技能とされている。藤森はGEで、エレベーター・スピーチを徹底的に訓練した。ＣＥＯのジャック・ウェルチや、その後を継いだジョフリー・イメルトからプロジェクトの評価を聞かれた際、短時間に急所を突く主張ができないと、それ以上、話に乗ってもらえないからだ。

自分の考えを、簡潔に一枚のペーパーにまとめることを習慣にした。疑問があれば、その日のうちに人に聞き、自分で徹底的に調べた。顧客や社内へのプレゼンテーションの準備は、周到に行った。英語を母国語としている人たちのように英語が操れない自分が、どうしたら正確でインパクトの強いプレゼンができるかを常に考えた。

「相手を惹き付けられるかどうか。勝負は最初の三〇秒」[★2]。テープに言いたいことを録音して、再生して聴いてみる。伝わりにくいところを修正してまた録音して、繰り返し聞く。二〇回くらい改善を重ねると、「最後は『いいね』と自分に酔うぐらいのレベルになった」。こうやってエレベーター・スピーチのスキルを高めていったのである。

▼▼▼ 三顧の礼で招かれる

藤森は二〇〇五年一月、日本ＧＥ代表取締役会長に就いた。経済同友会に入会した彼に、社外取締役になってほしいというオファーが数多く寄せられた。住生活グループも、そのうちの一社だった。だが、ＧＥの規則で他社の取締役を兼務することはできなかった。

すると住生活会長の潮田洋一郎から「勉強会を開きましょう」と声をかけられた。潮田はリクシルグループの源流のひとつ、旧トステム創業者の息子である。自分が経営者に向いていないと自覚していた二代目は、資本と経営を分離するため、有能なプロ経営者を探していた。そこで目をつけたのが藤森だった。以後二年間、アドバイザーとして毎月欠かさず勉強会に参加する藤森を、潮田はじっと観察してきた。

潮田らがトステムやINAXなど住設機器五社をリクシルに統合したのは、「持ち株会社に複数の事業会社をぶらさげるより、一つにまとめた方が経営効率がよい」と藤森が助言したのがきっかけだった。藤森の発言が潮田の背中を押し、リクシルが誕生した。

勉強会に毎回持ち込む手書きの資料や助言に熱心に耳を傾けて、しかも素早く実行に移す潮田に接するうち、潮田が本気で会社を変えようとしていることを藤森は悟った。ウェルチは改革の権化のような人だった。変革を起こす気持ちがない人と一緒に仕事をしても面白味はない。

日本の会社に行くなら、一番変革を求めているところに行く、と藤森は決めていた。

潮田は二〇一〇年、システムキッチンのサンウェーブ工業やアルミサッシの新日軽を買収した。「魅力的な会社になってきましたね」。M&Aを積極化した住生活の姿をこう評価した藤森に、潮田は温め続けていた考えをぶつけた。「面白いと感じるならば、この会社を経営してみないか」[★3]。藤森は、これまで会った経営者のなかで、群を抜いて変革の意欲が高いと、評価してきた潮田の要請を受け入れた。

海外売上高一兆円の達成と、グローバルな経営を任せられる人材の育成

二〇一一年八月一日、藤森義明は住生活グループの取締役代表執行役社長兼ＣＥＯに就任した。潮田は二〇一一年四月、中核のトステム、ＩＮＡＸと東洋エクステリア、買収した新日軽、サンウェーブ工業を統合して事業会社、リクシルを発足させた。翌五月、「住生活産業におけるグローバルリーダーになる」を骨子とした中期経営計画ビジョンを打ち出し、二〇一六年三月期までに連結売上高三兆円（国内二兆円、海外一兆円）、営業利益率八％という、高い目標を掲げた。海外売上高一兆円は、一一年三月期の四〇〇〇億円の二・五倍に相当する。

「これはコミットメント（必ず達成しなければならない目標）ではなく願望だ」。アナリストたちは呆れた。アルミサッシの旧トステムや、そこに合流した衛生陶器の旧ＩＮＡＸなどの企業群は、典型的な内需中心のドメスティック企業であり、成長率は限られていたからだ。

そんな丸ドメの内需型企業をグローバル企業に変身させ、海外売上高一兆円を稼ぎ出すグローバル・カンパニーに育て上げる。しかも、このグローバル・カンパニーの経営の舵取りを任せられる人材を育ててバトンタッチすること。潮田が藤森に与えたミッションはこの二つだった。

▼▼▼海外の大型M&Aにアクセルを踏む

社長に就いた藤森はただちに海外企業の買収に打って出た。二〇一一年一一月、イタリアのカーテンウォール大手、ペルマスティリーザを六〇八億円で買収した。カーテンウォールは総ガラス張りの高層ビルなどに使われる外壁材。ペルマ社は東京ミッドタウンなどランドマークの建築プロジェクトに携ってきた。

二〇一三年には、海外の大型M&Aの攻勢をかけた。「まずは世界で水まわり事業を強化する」と、方針を明確にした。同年八月、米衛生陶器最大手のアメリカンスタンダード（ASB）を三〇五億円（負債の引き継ぎ分を含め五三一億円）で買収して、完全子会社にした。ASBの買収により北米のシェアは、ほぼゼロという状態から二一%となり、一気にトップに立った。

同年九月には、浴室やキッチンの水洗金具で欧州最大手の独のグローエを日本政策投資銀行（以下・政投銀）と共同で買収すると発表した。リクシルと政投銀が半分ずつ議決権を持つ特別目的会社（SPC）を作り、米投資ファンドからグローエの発行済み株式の八七・五%を買い取る。買収額は負債を引き継ぐ分を含めて四一〇九億円という巨額なものになった。

グローエは欧州市場で一五%のシェアを握る水栓金具を筆頭に、浴室やトイレを手がける欧州最大の水回りメーカーだ。優れたデザイン力で世界の高級ホテルで採用されるなど高いブランド力を誇る。

グローエの二〇一三年一二月期の売上高は二〇三〇億円（一ユーロ＝一四〇円で換算）、最終利益の段階では一四八億円の赤字会社だ。リクシルとグローエを合わせた台所、トイレなどの水回り部門の売上高は七〇〇〇億円。TOTOを抜いて世界最大手になった。

グローエは二〇一一年、中国のジョウユウを傘下に収め、中国で二つのブランドによる事業展開を進めてきた。ジョウユウは中国で設立された水栓金具や衛生陶器のメーカーで、「中宇」のブランドで価格の安い製品を販売している。二〇一三年一二月期の売上高は四九九億円、当期純利益は三三億円という優良会社だったはずだ。（一ユーロ＝一四〇円で換算）。

リクシルグループは二〇一四年一月、政投銀と共同出資する特別目的会社を通じてグローエの買収手続きを完了した。これに伴い、グローエを通じて間接保有していたジョウユウを持ち分法適用会社に組み入れた。

二〇一五年年四月一日、リクシルはグローエの発行済み株式の一二・五％を二六六億円投じて追加取得した。特別目的会社を通じた間接保有分を含め五六・二五％を保有。持ち分法適用会社から連結子会社に組み入れた。グローエの上場子会社、ジョウユウもリクシルの連結子会社となった。

この直後にジョウユウの不正会計処理と巨額の債務超過が発覚し、破産に追いやられた。M＆Aを柱に海外戦略を進めてきた藤森には大きな誤算となった。

藤森が描く「海外売上高一兆円」達成のシナリオはこうだった。

グローエの買収で高級品を充実させるとともに、中国国内に四〇〇〇店の販売網を持つ、ジョウユウを中国・アジアの水回り事業の中核に据える。

高価格帯はグローエ、中価格帯を、同じくM&Aで手に入れたアメリカンスタンダードとリクシル、安い製品はジョウユウとブランドを使い分ける。特別目的会社を通じて連結子会社にしたグローエに関しては一七年三月期をメドに政投銀が保有している株式を買い取り完全子会社とする。

海外売上上高は二〇一一年三月期の四〇〇億円から一五年三月期には四〇〇〇億円（実績は三九三四億円）と一〇倍になった。グローエを完全子会社にする一七年三月期には海外事業の売上高は七四〇〇億円、営業利益は売り上げの一〇％強の七六〇億円を見込んでいた。ホップ、ステップ、ジャンプの三段跳びで二〇二〇年三月期に海外売上高一兆円を達成するという構想だった。

藤森のリーダー育成術

ジャック・ウェルチの前任となるGE会長のレグ・ジョーズは、「私のGEへの最大の功績は、ウェルチを後継者に選んだことだ」と話していた。藤森はリクシルの社長として、次世代のリーダー育成を自身に課した。五〇代になって組織を任されても本物のリーダーにはなれない。そこで二〇代後半から三〇代の若い社員に大きなチャンスを与え、次世代のリーダーを育てることにしたのである。

藤森はリクシルの人材育成にGEの手法を取り入れた。GEは人材の育成を事業の重要な柱のひとつと位置づけ、人材の育成に熱心な企業である。次期CEOを選出するプロセスもはっきりしていて、大変にシビアだ。

まず、社内の四〇～五〇歳ぐらいの若手リーダーの中から二〇人ほどがピックアップされる。二〇人の候補者全員が系列企業などで三～五年の間、CEOを経験し、その間の業績が厳しく査定される。二〇人が八人になり、それが三人になるというかたちで徐々に絞り込まれる。三人ほどになった段階で、彼らが次期CEO候補であることが正式に社内外にアナウンスされ、衆人環視の下で最終レースに突入する。

〈彼らは結果を出すだけでなく、優れたリーダーシップを発揮することを要求されている。いくらいい数字を出しても、部下がついてこない人物はCEO候補から外されてしまう〉[★4]

リクシルでは未来のCEO選びの前哨戦として、後継者候補六〇人を社内からピックアップして、エグゼクティブ・トレーニングを課している。「リーダーシップとは何か」について自覚させるトレーニングだ。その中で、「若いがこいつはすごい」と思った社員や、工場経験しかない社員をいきなりマネジメントに抜擢するなど、二段階、三段階ジャンプするような人事を行ってきた。

二〇一五年四月一日、藤森義明は「変革への新たなステージ」と宣言した。

リクシルグループは、建材・設備機器会社からテクノロジー会社に変身するための新体制に移行した。相次ぐ買収で重複した事業を、国単位ではなく、世界共通の事業とする。そして、水回り（衛生陶器、ユニットバス、水栓金具）、ハウジング（窓サッシ、エクステリア、玄関ドア）、ビルディング（カーテンウォール）、キッチン（システムキッチン）の四事業に編成し直した。五つ目の組織であるジャパンカンパニーは流通・小売り、住宅・サービスなど国内だけで展開している事業を統括する。

各事業のトップに外部から招聘したＣＥＯ（最高経営責任者）を就けた。

組織再編で、事業会社リクシルの取締役一〇人のうち外国人四人を含む九人がヘッドハンティングなどによる〝外人部隊〟となった。日本企業で、これほど経営者のプロ化を進めた事例は、ほとんどないだろう。

海外のＭ＆Ａと並行して、グローバル経営を担う人材を育成する腹づもりだったが、新体制で走り出した途端に、ジョウユウで躓《つまず》いた。

今後、のしかかる「のれん代」の減損

ジョウユウの破産で新興国戦略は挫折した。

今後、グローエの「のれん代」の重圧が大きくのしかかる。「のれん代」は、企業を買収する際に支払った金額と買収先企業の純資産の差額である。日本会計基準では、二〇年以内に毎期定期償却する必要がある。

リクシルが二〇一六年三月期から正式に採用する国際会計基準（IFRS）では、毎期の、のれん代の償却は不要だ。その代わり、買収した企業や事業が不振に陥れば、一気に巨額の減損（損失を計上して対象資産の価値を落とすこと）をしなければにならない。

リクシルはグローエのM&Aで、「のれん代」七八六億円と無形固定資産七三八億円の合計一五二四億円を資産に計上している。グローエの子会社ジョウユウが破産したことにより、グローエの資産価値は下落する。藤森は、近い将来、巨額の減損処理を迫られることになるかもしれない。

六月八日に設置した調査委員会は、ジョウユウの買収時のデューデリジェンス（資産査定）が適性に行われたかどうかを調査する。

〈今回の一件のほかに、カーテンウォールの世界最大手・伊、ペルマスティリーザで、リクシルが買収後に、採算が取れない案件を安値で受注するなどのスキャンダルが発覚し、幹部らを大量解雇したことが判明した。藤森流のM&Aによる成長戦略に対して、株式市場から疑義が出始めている〉［★5］

格付投資情報センター（R&I）は五月二一日、リクシルグループの発行体格付けの見通しを「安定的」から「ネガティブ」に引き下げた。「成長戦略の要である海外事業で先行き不透明感が強まった」と判断した。「他の買収案件でも損失が発生するのか。注意深く見守る必要がある」とコメントした。

3

「デフレの勝ち組」からの転落。日本マクドナルド時代の経営手法に疑問符

原田泳幸（ベネッセホールディングス代表取締役会長兼社長）

【略歴】

一九四八年一二月三日、長崎県佐世保市出身。長崎県立佐世保南高校、東海大学工学部通信工学科を卒業。七二年、日本NCRに入社。八〇年に横河ヒューレット・パッカード、八三年にシュルンベルジェ・グループ。九〇年、アップルコンピューター・ジャパンのマーケティング部長に就任。九五年、ハーバード・ビジネス・スクール修了。九七年、アップルコンピュータ日本法人の社長兼米国アップルコンピュータ副社長となる。二〇〇四年、日本マクドナルドホールディングス社長兼最高経営責任者（CEO）に就く。二〇一四年、ベネッセホールディングス会長兼社長およびベネッセコーポレーション社長に就任する（現職）。一五年、日本マクドナルドホールディングスと日本マクドナルドの会長を退任。

★

日本マクドナルドホールディングス（HD）が二〇一五年三月二五日に開催した定時株主総会後、原田泳幸は会長を退任した。原田は二〇一四年六月からベネッセホールディングスのトップに就任しており、マクドナルドの経営には直接タッチしていなかったが、これで名実ともにマクドナルドから離れた。経営手腕を買われて外部から招かれる「プロ経営者」の代表とされる原田であったが、マックでは有終の美を飾れなかった。

▼プロ経営者か厄病神か

日本マクドナルドHDの二〇一四年一二月期連結決算は、本業の儲けを示す営業損益が六七億円の赤字（前期は一一五億円の黒字）だった。営業赤字に転落するのは二〇〇一年に上場して初めてのことだ。

売上高は前期比一四・六％減の二二二三億円と大幅に落ち込んだ。最終損益は二一八億円の赤字（同五一億円の黒字）。最終赤字は二〇〇三年一二月期以来一一年ぶりだ。仕入れ先だった中国の食品加工会社が使用期限切れ鶏肉を使っていた問題が二〇一四年七月に発覚して以降、客離れが急激に進んだ。

二〇一五年一月の既存店売上高は前年同月比三八・六％減で、上場後最大の落ち込みとなった。年明けに全国各地で商品の異物混入が明らかになった影響から、客離れが、さらに加速した。

二〇一五年一二月期の業績予想は、異物混入問題の影響を見通せないとの理由で「未定」とした。外資系証券会社の小売り部門のアナリストは「一四年一二月期に続き、連続して営業赤字になるだろう」とみている。

世界のマクドナルドを統括する、本家本元の米マクドナルドでは業績悪化を受けてドン・トンプソン社長が引責辞任した。日本の不振も、トンプソン社長が辞任する一因となった。一方、日本マクドナルドHDのサラ・カサノバ社長は決算会見で「信頼を取り戻すことが最優先」と話し、辞任の意思がないことを強調した。一一年にわたり経営トップにあった原田泳幸が会長を引責辞任することでケジメをつけた格好だ。

日本マクドナルドの底なし沼に沈むような業績悪化に、原田批判が噴出するのに時間はかからなかった。原田は「プロ経営者」ではなく「疫病神」と呼ぶ声が高まった。

原田はこれに反発した。『PRESIDENT』(二〇一五年二月二日号)で、「疫病神批判に答えよう」と反論している。

〈現在のマクドナルドの不調について、一部のメディアが私だけに原因があったかのように報じていますが、違和感を覚えます。ハンバーガーは非常にスピードが速い。多くのお客さまは衝動買いして、購買頻度が高い。今日、気を許すと明日響く。今日しっかりやれば明日売り上げが伸びる。そういったビジネスです。米国本社から赴任してきたCOO(＝カサノバ、筆者注)に実務を任せてからは約二年がたっています。その事実は理解してほしいと思います〉[★1]

「答えよう」と大見得を切っておきながら、まったく回答になっていないのが、原田たるゆえんといえる。ふだんは倍返しで噛みつく原田だが、「疫病神」批判にはいたって低姿勢だ。さすがにマクドナルドの業績の失速がかなりこたえたのだろう。

原田は自分自身をこう規定している。〈私は決して「プロ経営者」ではありません。プロはたくさんいます。私は「一番熱心な雇われ社長」です〉[★2]

原田はいかにして「プロ経営者」、いや「熱心な雇われ社長」になり得たのか。

マーケティングの代理店戦略で頭角を現す

原田は大学卒業後、外資系一筋だ。最初に就職したのは日本NCRである。日本金銭登録機と米ナショナルキャッシュレジスターの合弁企業だ。徹底した能力主義でふるいにかけられたが、原田は生き残り、花形の開発部門に配属された。だが、業績不振からNCRの開発部門は閉鎖になった。やむなく三二歳でコンピュータ関連の日米の合弁会社、横河ヒューレット・パッカード（現在の日本ヒューレット・パッカード）に転職した。開発で入ったが営業に回され、三年で辞めた。

次の転職先は、石油開発に付随するITサービスの大手、米国のシュルンベルジェ・グループだった。東京・立川市にあるマンションで米国人のボスと二人で、日本法人の立ち上げに携わった。バランスシートの作り方から、マーケティングなど経営者としての手腕はこのとき磨かれたといっていいだろう。

当時、シュルンベルジェは商社を代理店として半導体関連製品を日本に売っていた。取締役マーケティング部長となった原田は代理店契約を打ち切り、直販部隊をつくることを本社に提案した。四回目の転職先はアップルコンピュータ・ジャパン（当時）である。一九九〇年、四二歳でマーケティング部長として入社した。ビジネスマーケット事業部長、取締役マーケティング本部長と昇進を重ね、一九九六年には米国本社に勤務して、世界市場を相手にマーケティングを担当した。一九九七年、日本法人のアップルコンピュータ社長と米国本社の副社長を兼務した。時に四九歳であった。

日本法人の社長としての実績は、直販化の推進である。四〇社強あった一次卸を四社に絞り、三〇〇〇店あった販売店を一〇〇〇店に削るという荒療治をやってのけた。天才的起業家として神話的存在となったスティーブ・ジョブスが暫定ＣＥＯとして米アップルに復帰。一九九八年にｉＭａｃ（アイマック）を発売するタイミングに合わせて、原田は日本市場で、この荒療治を実行した。

原田が経営者として最も輝き、自身が誇りにしているのが、アップルコンピュータの日本法人の社長時代だ。「疫病神批判に答えよう」でこう語る。

〈私がアップルジャパンの社長を引き受けたとき、会社はすでにどん底状態でした。私はそれを知ったうえで、再建を引き受けたのです。販売店のリベートを根本から見直し、「ｉＭａｃ」をヒットさせ、Ｖ字回復へ導きました〉［★3］

アップルコンピュータの日本法人社長として、経営者人生の第一歩を踏み出し、iMacの販売を成功させたことが、原田の輝かしい勲章である。

「主張がブレないタフネゴシエーター」という評価が定着した。アップルジャパンでの剛腕を買われて、米マクドナルド本社にヘッドハンティングされた。どん底状態にあった日本マクドナルドの体質を根底からつくり変えるには、うってつけの人物と見込まれたのである。アップルの主力商品マッキントッシュ（Macintosh）とマクドナルドの愛称がともにマックだったことから、「マックからマックへの華麗な転身」と話題になった。

▼創業者、藤田田の経営システムを解体

「今から新しいバスが出発する。新しいバスのチケットを買いたい人は乗れ。買いたくない人は乗らなくていい」[★4]

二〇〇四年五月、日本マクドナルドHDのCEOに就いた原田が、幹部を集めて発した第一声である。自分が運転するバスに乗る者にはそれ相応の覚悟を求め、その覚悟がない者は去れという意思表示だった。

日本にマクドナルドという米国のファーストフード業態を輸入したのは藤田商店社長の藤田《ふじた》田《でん》で

ある。一九七一年創業の日本マクドナルドは、三一年間社長を務めた藤田が、ワンマン経営の拡張路線で外食大手の一角に飛躍した。

二〇〇〇年代初頭、「59円バーガー」を売り出し、過度に値下げし、その後、値上げするという価格政策のブレから客離れが進み、業績が悪化した。

米国本社は、日本マクドナルドに原田を落下傘経営者として送り込んだ。マックに乗り込んだ原田は、藤田の経営体制を徹底的に破壊した。

藤田マクドナルドは「青い目をした日本企業」と言われた。商品や意匠は米国流だ。ところが、その経営スタイルは古き良き時代の日本企業そのものだった。大家族主義を貫き、なまじの日本企業よりも日本型経営をおこなった。

藤田は、社員をビジネスパートナーとみなした。社員が将来、生活していけるように「独立支援制度」を取り入れた。現代版のれん分けである。その制度を活用して店長たちは独立してマックのFC（フランチャイズ）加盟店を経営するオーナーになった。社員の独立をマックの販路の拡大→増収につなげるという、一石二鳥のアイデアだ。

マックは一九九一年から二〇〇三年にかけて、店舗数を九〇〇店から三九〇〇店に急拡大した。店舗数の七割が直営店で、残り三割のほとんどが元社員がオーナーのFC店だった。

彼らは、一国一城の主に引き上げてくれた藤田の信奉者になった。原田が脱藤田路線を打ち出したとき、最大の抵抗勢力となったのが藤田の子飼いであるＦＣ店オーナーたちだった。彼らは藤田の直参旗本と呼ばれた。「米国の手先、原田の横暴を許すな」。怪文書が乱れ飛ぶ、凄まじい内部抗争が繰り広げられた。

直営店とFC店の比率を逆転させる

原田が外資系で腕を磨いてきたのはマーケティングで、最も得意としたのが代理店戦略だ。原田は十八番の代理店戦略を引っ提げてマクドナルドに切り込んだ。

二〇〇七年三月、全国に三八〇〇店ある店舗の運営形態を徹底的に見直し、直営店七割、ＦＣ店三割の比率を、五年後をメドに直営店三割、ＦＣ店七割に逆転させる方針を打ち出した。

直営店だと人件費（もちろん残業手当もそうだ）やもろもろの出店コストは、すべて会社の出費（＝経費）となる。ＦＣ化することができれば、これらの諸経費はＦＣ店のオーナーが負担することになる。それどころか原田はＦＣ店のオーナーに、営業権や固定資産の買い取りを求めた。ロイヤリティや広告費も、売上高に応じて自動的に上納させる方式に改めた。

既存の直営店をＦＣに転換させるスキームは利益を膨らませる妙案だった。コストをすべてＦＣに押し付けることができるからだ。その分、経営努力なしで利益が出る。原田流の経営合理化策である。

この経営方針は店長ら現場を震撼させた。直営店がFC店に移行した場合、直営店の店長は強制的にFC店に出向させられた。FC店勤務から直営店に戻れる保証のない、片道切符の出向だった。直営店のFC転換に名を借りた大規模のリストラである。〝マック残酷物語〟と呼ばれた。

荒療治の成果はすぐに出た。日本マクドナルドHDの二〇〇九年一二月期決算は、営業利益（二四二億円）、経常利益（二三二億円）、当期利益（一二八億円）とも過去最高を更新した。直営店のFC化が利益の急増を演出した。

原田はこの瞬間を待っていた。

抵抗勢力、藤田子飼いのFC店オーナーを一掃

原田は二〇一〇年二月九日、二〇〇九年一二月期の決算発表の席上、大規模閉店を発表した。向こう一年で全店舗の一割以上、四三三店を閉鎖する。閉店に伴う費用として営業利益の四六％に相当する特別損失一二〇億円を計上するという大出血を決断した。当期利益が大幅な減益になることも厭わなかった。

意外な発表に会場はどよめいた。二〇〇九年一二月期決算では、全店売上高、営業利益、経常利益、当期利益はいずれも上場以来最高を記録している。

だから大規模閉店は業績低迷が理由ではない。

『日経ビジネスオンライン』（二〇一〇年二月二五日付）はこう伝えた。

〈原田泳幸・社長兼会長は言う。「〝負の資産〟を整理できる財務体質がやっと整ってきた」。この「やっと」という3文字のために、原田氏は6年間もの歳月を費やしてきた〉［★5］

大量閉鎖の真の狙いは、創業者の藤田田の子飼いのFC店オーナーを一掃することにあった。原田が脱藤田路線を打ち出した時、最大の抵抗勢力となったのが藤田の直参旗本と呼ばれたFC店オーナーたちだった。

原田は就任してすぐに、こう檄を飛ばした。「この会社は米国籍の会社だ。意識を変えてほしい」。「（米国籍のマックが）嫌なら、日本のうどん屋に行け」と言い放った。

二〇〇六年には、FC店のオーナーを集めた会合で原田はこう告げた。

「ブランドを棄損するようなFC店には辞めていただく」［★6］

営業利益二四〇億円を稼ぐ体力がついたことから、大量閉鎖で一二〇億円の特別損失を計上しても赤字に転落することはないとの計算が働いた。それで一気に勝負に出た。

原田は「新しい展開を進めるうえで、どうしても（この方針に）追随できない店は閉鎖する」と述べた。閉鎖の対象になる店は「負の資産」と名付けた、厨房が狭く全メニューを提供できない小型店舗である。

藤田の子飼いのFC店は脱サラ組なので、どうしても小型店の零細経営者が多かった。

直営店のFC化は、彼らを切り捨てるのが目的だった。直営店のFC化の過程で、経営体力のある地方の会社を一定の営業エリア内のすべての店舗を運営する「エリアFC」のオーナーにした。

原田は社長に就任して以来、六年間にわたり直参旗本との暗闘が続いたが、大規模閉店という大ナタを振るって、最大の抵抗勢力だった直参旗本を一気に淘汰したのである。

原田は高校時代に水泳部で鍛えた体育会系の人間だ。週二回のウエートトレーニング、毎朝一〇キロのランニングを日課としてきた。東京マラソンには、二〇一一年から三回連続で参加し、ベストタイムは二〇一二年の四時間二分だ。

強靭な意志と肉体で、抵抗勢力に立ち向かった。藤田時代の経営陣も次々とバスから降ろされた。原田時代に役員は三回転した。藤田時代の役員はすべて去り、原田がアップルから連れてきたメンバーも、まったく残っていない。藤田の流儀に慣れた役員、社員、FCオーナーたちはことごとく粛清された。

二〇一四年三月、サラ・カサノバが日本マクドナルドHD社長に就任し、原田は代表権のない会長になり、マックの経営の第一線を退いた。

経営トップとしての一〇年間の取り組みはと問われた原田は「構造改革に尽きる」と語った。これは藤田の経営システムを解体したことを指している。

▼▼▼二〇一二年以降、〝神通力〟が消えた

原田は、サプライズ重視のマーケティングの手法で集客力を高めた。ワンコイン商品の先駆けとなる「100円マック」（二〇〇五年四月発売）などの低価格で客を呼び込み、ボリュームのあるハンバーガー「メガマック」などの高価格メニューで利益を上げるという巧みな価格戦略で業績の回復に成功した。二〇〇四年から八年連続で既存店売上高のプラスを達成し、〝原田マジック〟ともてはやされマクドナルドは「デフレの勝ち組」といわれた。

だが、二〇一一年三月一一日の東日本大震災を境に暗転する。震災後、消費者のニーズはあきらかに変わった。淹れたてコーヒーや軽食の充実で勢いをつけたコンビニエンスストアに対し、日本マクドナルドは消費者のニーズを的確にとらえた戦略を描ききれなかった。

現場の実情を勘案しない施策を、原田は打ち出した。待ち時間を短縮するため、二〇一二年一〇月からレジカウンターからメニュー表を撤去した。利用者のことは考えておらず、不便になっただけと悪評ふんぷんだった。二〇一三年一月には六〇秒以内に商品を提供できなければ、無料クーポンを渡すというキャンペーンを実施した。店員が制限時間に焦り、現場が混乱するだけに終わった。

二〇一二年以降は完全に勢いを失った。同年一二月期は営業減益に転じた。

原田の〝神通力〟が薄れてきた理由ははっきりしている。

仮想の敵をつくり、敵と戦うことで燃える男が原田の本質である。原田は、日本マクドナルドでは「社員が反対することばかりやってきた」と語っているが、FC店の大量閉鎖で抵抗勢力を淘汰したため、敵を叩くという目標を失った。FC店戦略が完了した時点で、原田の「一番熱心な雇われ社長」の任務は終わったといっても過言ではない。

▼▼▼効率経営で「らしさ」を失ったマクドナルド

「一将功成りて、万骨枯る」。原田の日本マクドナルドでの事跡は、この言葉に尽きる。原田はマクドナルドの専制君主として絶頂期にあったとき、戦勝記念というべき『勝ち続ける経営　日本マクドナルド　原田泳幸の経営改革論』（朝日新聞出版）を著した。

〈業績不振になった会社は、必ずといっていいほど、その会社らしさを失っている。業績を回復した会社を見ると、必ずといっていいほど、『らしさ』を取り戻している〉［★7］

マクドナルドの「らしさ」とは、何か。現場や顧客を大事にする「ピープルビジネス」だったはずだ。

創業者の藤田田は「ピープルビジネス」を徹底させた。地域に密着して、地元の幼稚園と連携して園児のバースデーパーティーをしたり、子どもたちにハンバーガーづくりを体験させたりして、「愛されるマック」に努めてきた。

子どものころから親しみを持たせ、長い年月、家族と向き合い、その子どもたちが親になっても引き続きマクドナルドを家族ぐるみで利用してもらう。二〇年以上という長期の信頼関係を築くというビジネスモデルだった。

だが、原田の流儀は、そんな息の長いビジネスには、そもそも向いていなかった。生き馬の目を射抜くような、切った張ったの勝負を陣頭に立って遂行する経営スタイルが身上だ。高い株価（の維持）と短期的利益を最優先する米国仕込みの経営である。

原田流の効率経営のもとでは、品質、サービス、清潔感、お値打ち感という現場力がないがしろにされた。その結果、マクドナルドは安かろう悪かろうのイメージを消費者に植え付けてしまった。「マックらしさ」を失ったことが、消費者のマック離れを引き起こした。

原田は、自らの指摘がわが身にふりかかるとは微塵も考えていなかったに違いない。原田がマクドナルドを去ったのは、経営手法の賞味期限が切れたからにほかならない。

▼▼▼ベネッセのトップに就任直後に個人情報流出事件が発覚

原田泳幸は二〇一四年六月二一日、ベネッセホールディングスの株主総会で取締役に選任され会長兼社長に就任した。その直後、子会社の通信教育大手、ベネッセコーポレーションの通信講座「進研ゼミ」の個人情報の漏洩事件が発覚した。流出した個人情報は二八九五万人分にのぼった。

この事件では、原田の初期対応の稚拙さが目立った。流出を公表した七月九日の会見では、金銭的謝罪は考えていないことを強調するとともに、名指しこそ控えたものの、流出情報を利用した同業者のジャストシステムの経営陣の倫理観を問う発言を繰り返した。

それから八日後の七月一七日の会見では、「ベネッセは加害者か被害者か」と問われる事態となった。原田は「迷惑をおかけしたという意味では加害者と思っている」と答えた。金銭的補償の必要はないとしていたが二〇〇億円の原資を用意して金銭補償する方針を表明するなど対応が揺れた。

一人五〇〇円の金券を配布することで決着を図ろうとしたが、今度はあまりに金額が少なかったことから集団訴訟が起きた。個人情報漏洩事件は、今後もベネッセの喉に刺さった硬い骨となる。

タブレット学習のビジネスモデルに転換

原田が、ベネッセの創業者、福武總一郎最高顧問から招かれたのは、ベネッセがビジネスモデルの転換期を迎えていたからだ。ベネッセは中高生向け通信添削講座「進研ゼミ」を柱に成長を続けてきたが、二〇一三年から変調が起きた。二年あまりで会員数が四〇万人も減り、二〇一四年四月時点で三六五万人まで落ち込んだ。

通信教育業界ではタブレット端末を利用した学習が人気を集めている。学研エージェンシーの「学研・iコース」、ジャストシステムの「スマイルゼミ」などは専用タブレットを使っている。タブレット学習に小中高生が流れたことが、会員数の減少の一因となった。

そこで原田が打ち出したのが、通信教育講座「進研ゼミ」に替わる新しいビジネスモデル作りである。ベネッセＨＤは、会員登録なしに使えるオンライン学習プログラム「ベネパ」を二〇一五年二月一七日から始めた。ローソンでプリペイドカードを購入し、自宅のパソコンやタブレット端末から専用のウェブサイトに接続して勉強する。価格は五〇〇円から。幼児から高校生までを対象とする。

会員情報流出事件はベネッセＨＤの業績を痛打した。「進研ゼミ」など国内の通信教育講座の会員数は一年間に二五％も減った。一四年四月に三六五万人だった会員数は、一四年七月の会員情報の流出を受け、一〇月に三二五万人に減少。情報管理の強化などで影響は薄らぐと思われたが、かき入れ時の新学期の商戦でも敗れ、とうとう一五年四月の会員数は二七一万人にまで落ち込んだ。一年間で九四万人減った勘定だ。

その結果、二〇一五年三月期の連結最終損益は一〇七億円の赤字（一四年三月期は一九九億円の黒字）

に転落した。通期の赤字は一九九五年の上場以来初めてのことだ。会員に金券を贈るなどした、お詫びの費用三〇六億円を特別損失としたて計上したことも響いた。売上高は前期比〇・七％減の四六三二億円、営業利益は一八・四％減の二九二億円だった。

会員数が減少したのは、タブレット時代に乗り遅れたことが原因だ。紙のテキストを使った通信教育は添削したペーパーが戻るまでに時間がかかる。タブレット上でやりとりすれば、分からない問題があっても、質問すればその日のうちに解決できる。

ベネッセはこれまで添削方式の通信教育講座「進研ゼミ」を柱に成長を続けてきたが、原田は、タブレット学習へと、ビジネスモデルの転換を目指す。だが、原田が腕を磨いてきたのは代理店を中心に据えたマーケティングの手法だ。タブレットをツールとしてＩＴ商品を売るのに代理店網は不要だ。得意技を封じられて相撲を取るようなものだ。

どんな斬新な手法をひねり出すのか。自称、「熱心な雇われ社長」は難所にさしかかった。

4

人の首を切らずに儲かる会社に変えるマジック

松本晃（カルビー代表取締役会長兼ＣＥＯ）

【略歴】

一九四七年七月二〇日、京都市で生まれる。京都府立桃山高校、京都大学農学部卒業。七二年同大学大学院農学部博士課程終了後、伊藤忠商事に入社。八六年、センチュリーメディカルに取締役営業本部長として出向。九三年、ジョンソン・エンド・ジョンソンメディカル（現・ジョンソン・エンド・ジョンソン）代表取締役プレジデント　エチコンエンドサージェリー事業本部長。九九年、同社社長。二〇〇八年一月、同社最高顧問。〇八年六月、カルビー社外取締役などを経て、〇九年六月よりカルビー代表取締役会長兼ＣＥＯ。

★

カルビー会長兼ＣＥＯの松本晃は歯に衣着せぬ発言で知られている。いかにして玄人好みの経営者に成り得たのか。松本語録をひもといてみよう。

〈経営は特に難しいことではありません。というか、難しくしてはいけません。僕は特別頭が良いわけでも、悪いわけでもありません。勉強はしているけど、難しいことは頭に入らず、役に立つことだけを覚えています。それぐらいが経営者に向いていると思います。会社は人間がやるものです。簡単なことですら実行が難しいのに、まして難しいことは不可能です。経営をしたことがない学者やコンサルタントの本なんて難解そのもの。僕がゴルフの教科書を書くような感じです〉［★1］

経営者の指南役を任ずるコンサルタントが目を剥きそうな言葉が並ぶ。

中期計画をつくったことはない

経営者やコンサルタントが金科玉条としている中期経営計画を一度もつくったことがない。日々変化する世の中にあって、今から一年後を予測する能力はない。ましてや五年後の世界、日本、産業・会社を予測、予知する能力はない。膨大な時間と労力、そしてお金をかけて中期経営計画をつくる割には、うまくいっても最初の一年だけで、三年も経つと忘れ去られてしまうと、松本は手厳しい。綿密に中期計画を立案して、それを経営目標とする大企業の経営者の神経を逆撫でする発言だ。

松本によれば、「僕が入る前のカルビーは実に面白いことをやっていた」。

データ経営である。航空機のコックピット（操縦室）には全ての情報が計器類に集まるが、当時は、コックピット経営といって、とにかくデータ至上主義だった。データが氾濫すると、どうしてもデータを利用して会社を経営したくなる。カルビーは、そんな難しい経営をやる必要はなかった。なのに、四月のＰＯＳ（販売時点情報）データを使って来年の計画を立てる。その計画をベースに製造計画を立て、仕入れのプランを決める。

〈こんなもの、当たるわけがないんです。明日のこともわからないのに、来年のことなんてわかるはずがない。鬼が笑いますよ。だから、そんな難しいことはやめようと。もっとみんながわかる簡単なことをやろう、と言いました〉［★2］

松本は会長就任直後、従来あった複雑怪奇、実現不可能な中期計画を「ロシア式五カ年計画」と名付けてお蔵入りにさせた。

〈新しく始めたのが「Dreams Come True!」。毎年五月に二日間かけてやる〉［★3］

事前準備は一切不要。頭をフレッシュにして参加することが条件だ。場所は社外。経営層と若手、女性など参加者は五〇～六〇人。テーマーは「七年後のカルビーの夢は？」。

一日目は、根拠もなく、ただこうなったらいいな、という夢を語り合う。「七年後に売り上げ一兆円、営業利益二千億円」といった夢でもいい。売り上げ二千億円の会社が七年後に一兆円を簡単に達成できるわけがない。一兆円との大きなギャップの部分は全くの白紙。その白紙をホワイトスペースと称し、どうすれば達成できるかをみんなで考えることに残りの一日を費やす。七年後の未来を語って、その実現の方策を考える二日間なのだ。

数字だけにこだわる「ロシア式五カ年計画」とは真逆《まぎゃく》の試みである。

▼ダイバーシティをやっていないのは日本ぐらいだ

〈女性は会社のエンジンですよ。女性を活用してない会社は、二つのエンジンがあるのに一個を使ってないのと一緒です。ダイバーシティとはグロス（総体）の成長のためのエンジンですよ。日本の半分は女性なんだから、一番大きなエンジンなんです〉[★4]

松本晃はダイバーシティ（多様性）推進の第一人者である。外国人も障害者もシニアもいるが、なかんずく女性の活用に取り組んできた。

松本がダイバーシティに目覚めたのはジョンソン・エンド・ジョンソン（J&J）日本法人の社長の時だ。二〇〇一年のグローバルの会議で、J&J本社の直属の上司が多くの参加者の前で吠えた。

「ダイバーシティをやっていないのは日本とパキスタンぐらいだ。パキスタンには宗教上の理由があるそうだが、日本にはそんなものはない」［★5］

その時まで、ダイバーシティという言葉すら知らず、松本はそんなものを食ったことも身につけたこともなかった。直属の上司は、こう続けた。

「自分が知る限り日本人の半分は女性のはずだ。にもかかわらず日本の組織のマネジメントは男性ばかりじゃないか！」

言われてみればそのとおりだった。これはやるしかない。この時を境に松本は女性活用に邁進してきた。

J＆J日本法人の社長として、まず数字でコミットした。定年を迎える二〇〇八年三月までに全社員の三五％、管理職の二五％、ディレクターの二五％を女性にすることを、ことあるごとに社員の前で発言し、結果として達成した。

ダイバーシティと業績の相関関係は分析のしようがないが、松本はあると信じて推進してきた。ダイバーシティを進めた結果、業績が悪化すれば、その時は責任を取って辞める覚悟だった。

▼▼▼ 女性の活躍なくして企業の成長なし

カルビーの会長兼CEOに就いた松本晃は二〇一〇年四月、早速「ダイバーシティ（多様性）委員会」を立ち上げた。多様な人材がどのようなライフステージにあっても、能力を最大限に発揮しながら安心してイキイキと働ける会社を目指すために設置した。

二〇一〇年一一月一〇日、全国から二二五名が集まり、本社上階のシャングリ・ラ・ホテル東京で「ダイバーシティ・フォーラム２０１０」を開催し、松本はこう挨拶した。

〈女性の活躍なくして企業（カルビー）の成長はない。私が経営者として会社を成長させるために、ダイバーシティに投資するのは当たり前のことです。ダイバーシティに取り組まない限り、会社は存続できません。今こそ、会社を変えるチャンスなのです。ダイバーシティの推進は、私のコミットメント（必達目標）の一つです〉（ダイバーシティ委員会の活動報告より）

「ダイバーシティ・フォーラム２０１０」のゲストに招かれたのは三人の女性だった、一人は大株主の米ペプシコ社のインドラ・ヌーイ会長、さらに、カルビーの社外取締役でペプシコ社の地域会社アジア・パシフィックのユームラン・ベバ社長と、ＪＲ東日本（東日本旅客鉄道）事業創造本部地域活性化部門部長の鎌田由美子だった。鎌田とはダイバーシティの取り組みで交流を深めてきた。

カルビーは二〇一五年二月一日付で上級執行役員に鎌田由美子を迎えた。鎌田はＪＲ東日本の「駅ナカ」ビジネスの仕掛け人として有名だ。駅の中を略した「駅ナカ」は、駅ビルでも百貨店でもない新しい商業施設という概念を表している。駅構内に飲食店や理髪店、コンビニエンスストアなどを展開した新しいビジネスモデルは、二〇〇四年に「ユーキャン新語・流行語大賞」の候補六〇語の一つに選ばれた。

鎌田は一九八九年JR東日本に入社。本社開発事業本部を経て、大手百貨店、駅ビルなどに出向。二〇〇一年に本社事業創造本部「立川駅・大宮駅開発プロジェクト」で「駅ナカ」ビジネスを手がけて注目を集めた。二〇〇五年、駅ナカの商業施設「ecute（エキュート）」を運営するJR東日本ステーションリテイリングの社長に就いた。二〇一三年五月からJR東日本研究開発センター、フロンティアサービス研究所の副所長を務めた。

カルビーでは新規事業を担当する。鎌田は松本が推進するダイバーシティ路線の目玉なのである。

地位が好きな男、お金が好きな女

企業統治を変えることが会長を引き受ける条件だった。「取締役は社外」が世界の常識なので、大株主のペプシコなどから社外取締役を招いた。女性を取締役に起用した。

カルビーの取締役七人のうち社内は二人、社外が五人だ。社外のうち二人は外国人で、一人はトルコ人の女性、もう一人は中国人の男性。監査役の一人は女性だ。ダイバーシティ委員会を立ち上げた時に、二〇一三年三月期末までに女性管理職の比率を一五％以上とする目標を設定した。現在の管理職の割合は一四・三％。まだまだ、遅いと思っている。

松本は日本のダイバーシティが遅れている理由について独特な見方をする。管理職を断る女性が多いことを問われた松本は、いかにも彼らしい言い回しで答えている。


〈言われた瞬間は断るかもしれません。でもそれは本音とは違います。男は何か知らないけど偉くなりたいので「ハイ」と即答します。女性は賢いから断る。女性は頭がいいから責任と報酬が見合っているか計算できるんです。

だから、明日から年収一億円と言われたら、女性だって管理職になると思います。絶対になると思う。日本のダイバーシティが進まない理由の一つは、責任と報酬のバランスが悪いんです。偉くなって残業手当がなくなったりすると、逆に損になる。男性はアホだからね、給料が減っても偉くなりたい。でも女性は違う。男性は地位が好き、女性は意外とお金が好き、それだけの違いです〉［★6］

▼一番は顧客と取引先、株主は四番目だ

〈会社はね、儲けたらいいわけじゃないですよ。カルビーのビジョン（未来像）は、一番は顧客と

取引先。二番は従業員と従業員の家族。三番目は広い意味でのコミュニティ。株主さんは四番です〉[★7]

これが松本経営哲学の白眉である。経営学の教科書には、株式会社を所有しているのは株主と書いてある。株主が一番にくる。米国の投資銀行や投資ファンドなど金融資本主義の考えが日本に入ってきて、「株主が一番」が主流になった。松本の考えは、これと対極をなす。

この哲学は松本のビジネス体験から導きだされた。金儲けが大好きな松本は、伊藤忠商事時代には儲けるためには何でもやった。仕事観が変わったのはジョンソン・エンド・ジョンソン（J&J）に入社し、医療関係ビジネスに関わったのがきっかけだった。

伊藤忠では経営破綻しかけていた医療機器子会社、センチュリーメディカルに出向し、ホチキスのように内臓を縫い合わせる自動縫合器《ほうごう》と、腸など筒状の内臓をつなぐ自動吻合器《ふんごう》を成長の柱に据え、六年で業界大手に押し上げた。

四五歳を迎え、人生の転機だと思って退社した。センチュリーメディカルの実績のおかげで二三社から誘いがあった。その中の一社がJ&Jだった。米国の役員が何度も来日し、家族まで東京・青山の有名なイタリアン・レストラン「サバティーニ」に招待してくれた。サラリーマン人生で、こんなに手厚く遇してもらったのは初めて。本人より家族の方が感激したという。

J&Jを選んだ理由は、その経営理念「我が信条（Our Credo）」に衝撃を受けたことだった。こんなことを本気でやろうとしている会社があるのかと思った。これが書かれた冊子を松本は片時も離さず持ち歩く。

〈これは本当にすばらしい名文です。一文を紹介すると、「我々の第一の責任は、我々の製品およびサービスを使用してくれる医師、看護師、患者、そして母親、父親をはじめとする総ての顧客に対するものであると確信する」。これを徹底すれば、経営の方向を誤ることはありません。カルビーにも少しアレンジしたやり方で導入しています〉[★8]

一九九三年にJ&Jのグループ会社であるJ&Jメディカルの代表取締役プレジデントに就いた。医療機器販売は売って終わりではない。顧客に対して使い方までしっかり教え込まないとトラブルが起きる。売る人は医療機器について医師よりも熟知する必要がある。現場に通うことに拍車がかかった。現場とは外科の手術室だ。外科医と看護師が働く手術室で邪魔にならないよう立ち会う。売った医療機器がどのように使われているかの〝現場〟を自分の目で確かめる。

この時の経験から、まず「世のため、人のため」と考えるようになった。伊藤忠時代の松本を知っている人は誰も信じないだろうと、本人が笑う。次はやはり儲けること。仕事の意義は、この二つに尽きる、と思った。そこから導き出されたのが、一番が顧客、取引先。株主は四番目という理念だ。

松本は一九九九年から二〇〇七年末までＪ＆Ｊメディカルの社長を務め、その九年間で売上高は三・六倍に増えた。

社外取締役として米ペプシコとの提携をまとめる

松本はＪ＆Ｊ（Ｊ＆Ｊメディカルはその後Ｊ＆Ｊとなる）の社長であった二〇〇三年、異業種交流会に参加した。そこでカルビー三代目社長の松尾雅彦に出会った。その後、松尾とは年に一回ぐらい会うようになる。これが再び人生を変えるきっかけとなった。

カルビーは一九四九年に松尾孝が広島市で設立した松尾食糧工業が始まりだ。東京オリンピックが開催された一九六四年に発売した「かっぱえびせん」は「やめられない、止まらない」というＣＭソングに乗って大ヒットした。一九七五年発売の「ポテトチップス」は爆発的に売れ、一気にスナック菓子メーカーの大手に成長した。天才的ともいえる商品開発力でカルビーを率いてきた松尾孝は「ポテト王」と呼ばれた。

二〇〇〇年代に入ると、そんなカルビーに転機が訪れた。少子高齢化で国内スナック菓子市場は縮小し、成長は鈍化した。防疫検査を受けていない種イモを使った商品を販売する不祥事が続き、二〇〇三年には創業者の松尾孝が亡くなった。こうした事態を受けて、創業家出身の松尾雅彦は三代続いた同族経営をやめることを決意する。株式上場に向けて、二〇〇五年に創業家以外の中田康雄を社長に起用した。

松尾と中田は米食品・飲料大手ペプシコの全額出資子会社であるジャパンフリトレーの買収に動く。トウモロコシを材料とする菓子で強みを持つジャパンフリトレーを傘下に置くことで、ポテト関連商品が七〇%を超えるカルビーを新たな成長軌道に乗せることを考えた。

松本が松尾から、J&Jを引退したのだから、経営を手伝ってくれと誘われたのは、そんな時だった。二〇〇八年六月からカルビーの非常勤の社外取締役に就いた。松本を経営陣に迎えた松尾は、当時暗礁に乗り上げていたペプシコとの資本業務提携の交渉を松本に任せた。非常勤の社外取締役、言葉は悪いが、どの馬の骨とも分からない男に、会社の命運を賭けることになるかもしれない大仕事を任せたわけだ。並の経営者にはできることではない。

〈交渉役を任され、08年9月にペプシコのアジア担当の最高財務責任者（CFO）と会い、「カルビーと何がやりたいのか」と率直に聞きました。すると、「日本にはコーン菓子メーカーのジャパンフリトレーという子会社があるが、なかなかうまくいかない。経営を任せたい」という答えでした。ただし子会社を売る代わりに、日本に足場を残すために、カルビーへの出資を求めてきた。カルビーはコーン菓子が弱かったので、いい話と思い、フリトレーを買収し、〈その見返りに〉出資してもらいました〉［★9］

社内で絶望視されていたペプシコとの提携を短期間に、しかもカルビーに有利なかたちでまとめ上げた。その鮮やかな手腕に舌を巻いた松尾から「社長をやってくれないか」と声をかけられた。社長はもうしないと決めていたので断ったが、松尾は一歩も引かない。結局、ガバナンス（企業統治）の強化、CEO（最高経営責任者）とCOO（最高執行責任者）の役割を明確にすることを条件に申し出を受けることにした。

二〇〇九年六月、松本のカルビー会長兼CEO就任、ペプシコの全額出資子会社、ジャパンフリトリーの買収、ペプシコから二〇％の出資受け入れが、ほぼ同時に行われた。

松本が考える役割分担は、CEOが会社の方向性を示し、この方針に沿ってすべての権限を行使するのがCOOだ。結果責任はトップ（CEO）が負うと決めた上で部下に任せる。人事権は伊藤秀二社長に委譲した。

▼▼▼カルビーは儲け方が下手だっただけ

松尾から経営改革を託された松本が、まず行ったことは長所と短所をあぶり出すことだった。カルビーはもともと商品開発力や品質力、サプライチェーン（供給網）に優れた会社だが、経営を難しくやり過ぎていた。そのため利益率が極端に低かった。創業家が悲願としていた株式を公開するためには財務体質の改善が急務だった。

経営改革の第一弾として二〇〇八年三月期に一・四％にとどまっていた営業利益率を一〇％に引き上げる目標を掲げた。

松本は社外取締役の時から「シェアがこれほど高いのに、こんなに利益率が低いのは心底あり得ない」と思っていた。なぜ、儲からないのか。

〈単に儲け方が下手だったからです。会社が儲かるのは基本的には3つの要素があります。「商品の品質」「コストの安さ」「供給体制」です。カルビーは1番目と3番目はよくできていた。ところが、2番目のコスト意識が全くなかった。儲ける気がないんじゃないか、と思えたくらいです〉［★10］

カルビーは品質にこだわるあまりコストには無頓着だった。コスト管理をしっかりやれば、もともと持っている力を発揮できると考えた。

全国一七工場で、それぞれ別々にやっていた生産財の調達を本社の購買部門に一元化した。工場では、相見積もりも取らないで調達する生産財が多かった。裁量権を取り上げられたため、「これでは品質管理に責任が持てない」と現場は反発した。

松本は現場志向の経営者だ。オフィスに籠っていることはない。工場に出向き従来の調達方法の無駄の多さと非合理さを説き、コスト圧縮の重要性を訴えた。その結果、二〇〇八年以前には七〇%を超えていた売上原価率を二〇〇九年三月期には六四・八%に下げた。

コスト圧縮で浮かせた利益を営業利益に組み入れることはしなかった。これを製品の値下げの原資にした。「顧客・取引先が一番」という経営理念に基づき、消費者に利益を還元したのだ。競争力のあるカルビーの商品は競合品より一五%ほど高い値段で販売してきた。これを競合品並みに値下げしたことで販売量が一気に増えた。これで工場の稼働率が上がり、コストが劇的に下がった。コスト圧縮に誰も文句を言わなくなった。

松本の経営改革のユニークさはここにある。利益をユーザーに還元することによって、何倍もの利益を得た。

▼▼▼ わけのわからない階層を残していたら会社は持たない

カルビーの社員にとって衝撃的だったのは、仕事の文化が変わったことだ。人事評価はシンプルに数字でやる。夜中まで残業したかどうかは、まったく関係ない。すべて結果だ。

「コミットメント（C）&アカウンタビリティ（A）」。約束と結果責任。ビジネスの基本は、まず約束から始まる。約束したことに対して結果責任を負う。問われるのは結果。ものすごく単純にした。給与体系もシンプルにして手当を減らした。

ここでも、最初は社内から猛反発された。でも、社員は慣れるのが早い。今では「C&A」という言葉はすっかりカルビーの公用語になった。

同時に階層を減らした。部長補佐とか部長代行といった、いわゆる中二階のポストを廃止したのである。

〈日本の会社には、わけのわからない階層が多すぎる。課長でもないのに課長級とか、部長補佐とか、部長代行とか、すぐ中二階をつくりたがるんですね。そうすることで、上がれない人もちょっと上げて満足させる。身分とか責任を混ぜこぜにして、併存させてしまうわけです。でも、こんなことやっていたら、会社は持ちません。生き残ろう、成長しようと思ったら、変えるしかないんです〉[★11]

松本は首切りが嫌いだ。リストラはやらずに、カルビーを儲かる会社に変えた。

改革がスタートした初年度の製造原価は六五%だったが、これでは高すぎる。五五%まで下げ、最終目標を五〇％に置いている。一方で、販売・一般管理費を三〇％に落とせば、営業利益率二〇％を達成できる。そうなればカルビーは世界と伍していける企業になれる。これが松本の描いたシナリオだ。

四年で時価総額一一・四倍超に大化け

二〇一一年三月一一日、東日本大震災が発生した。その日、カルビーは東証一部に新規上場した。初値は売り出し価格と同じ二一〇〇円。新株発行による公募は二八一万株。初値ベースでの株式の時価総額は六六五億円だった。すでに成熟産業で大型株ということもあり、上場とともに株価が急騰すると、市場では期待されていなかった。

だが、予想に反してカルビー株は大化けした。二〇一五年四月一〇日、株価は五七〇〇円を付け、上場来の高値を更新した。株式の時価総額は七六一二億円。上場四年で企業の価値は一一・四倍になった。

二〇一五年三月期連結決算の売上高は前期比一一・一％増の二二二一億円、営業利益は二二・六％増の二四一億円。株式を公開した二〇一一年三月期のそれは一五五五億円、一〇七億円。売上高は一・四倍、営業利益は二・二倍。売上高、営業利益とも過去最高を更新中だ。

利益率は大幅に改善した。〇八年三月期に二・一％だった営業利益率は一五年三月期には一〇・

八％を達成した。松本がコミットメント（必達目標）として掲げた一〇％を突破した。

松本マジック全開である。

▼▼▼日本人は経営を現地の人に任せることができない

儲けるための仕組みをつくった松本が成長のドライブに据えるのがグローバル展開だ。海外売上高比率は一〇・一％（二〇一五年三月期）にとどまる。これから本格的な取り組みが始まる。

〈言葉が悪くて申し訳ないですが、（カルビーは）これまで趣味の海外事業でしたね。本格的に海外事業でメシを食わなければ、という考え方はなかったと思います。未来の成長を考えたら、打って出るしかない〉［★12］

グローバル展開に乗り出した日本企業が、いずこも直面するのが、人はいないし経験もないという、ないない尽くしだ。たいてい現地のマネジメントに失敗している。松本は、その難関をどう乗り越えようとしているのか。

松本は海外事業で成功する基本を三つあげる。一番目はコスト。高いものは買ってもらえない。二番目はスピード感。三番目は徹底的なローカライゼーション（現地化）。日本企業はどれも弱いが、とりわけ弱いのがローカライゼーションである。会社を新たに設立するにしても、買収するにしても、現地の人に経営を任せられずに、ついつい口を出してしまう。

日本企業は日本人を大挙して現地に送り込む。それでうまくいったケースを聞いたことがない。日本人のいない海外事業のほうが、うまくいっている。なのに、多くの日本人はグローバライズ(国際化)されていないから、任せる度胸がない。カルビーの海外事業は現地でパートナーを探す。

〈マネジメントは現地の人に委ねたらいいんです。そのとき一番大事なことは、人の選択基準をはっきりさせることです。「正直さ」が一番大事〉[★13]

松本はメディアの寵児になるような派手なパフォーマンスは絶対にしない。他の「プロ経営者」とまったく違うところだ。

カルビーでやったことは簡素化、透明化、分権化の三つ。仕組みを変え、企業文化を変え、高収益企業に生まれ変わらせた。玄人筋の間では、本物のプロ経営者と、評価が高い。

松本以降の「プロ経営者」は、彼の実績が一つの標準《スタンダード》になる。

5

マーケティングの達人が挑むブランドの復活

魚谷雅彦（資生堂代表取締役　執行役員社長）

【略歴】

一九五四年六月二日、奈良県に生まれる。大阪星光学院高校、同志社大学文学部英文科卒。七七年、ライオン歯磨（現・ライオン）入社。八三年、米コロンビア大学経営大学院卒業（ＭＢＡ取得）。八八年、シティバンク、八九年、日本ヤコブス・スシャールを経て、九一年、クラフト・ジャパン（現・モンデリーズ・ジャパン）副社長。九四年、日本コカ・コーラ取締役上級副社長・マーケティング本部長。二〇〇一年、社長、〇六年、会長（一一年に退任）。〇七年、ブランドヴィジョン社長。一四年四月、資生堂執行役員社長。同年六月代表取締役。

★

魚谷雅彦による資生堂再生が本格的に始動した。

資生堂は二〇一五年の新年の広告に米人気歌手のレディー・ガガを起用した。ガガがスマートフォンなどを使って自分自身を撮った五〇枚の写真を、全国紙、ブロック紙、県紙、業界紙など五〇紙に一種類ずつ載せた。資生堂の企業情報サイトで表情の異なるレディー・ガガの写真を総て見ることができる。

レディー・ガガは東日本大震災の復興支援に五回来日、チャリティーコンサートの売り上げは全額寄付した。独特なファッションでも知られ、写真共有アプリ「インスタグラム」を通じた社会への発信力は高い。一月一日付の紙面に掲載されたのは、インスタグラムなどに載せた写真だ。

ガガ本人は二〇一四年一二月三〇日にツイッターでコメントした。

〈日本にメーキャップの革命を起こすのを楽しみにしています！　資生堂と一緒に、五〇のセルフィー（自分撮り写真）による、ガガのクリエーション（創作）とメーキャップで（新年を）お祝いする！〉

レディー・ガガの起用は資生堂ブランドの再生に向けた、魚谷の強い決意の表れだ。

ブランドの二割を廃止。若い世代をターゲットに

二〇一四年一二月一七日、二〇二〇年度（二〇二一年三月期）までの中長期の経営戦略を発表した。魚谷が最優先のテーマとして打ち出したのは、ブランド力を強化し若い世代を取り込むことだった。

「一五年四月からの三年間は事業基盤を再構築するための投資を先行させる。まずブランド力を強化する」

就任後初の経営計画を発表した魚谷は、同日の記者会見でこう述べた。

国内外の一二〇ブランドのうち、国内を中心に売り上げ規模の小さい二八のブランドの商品の販売をやめる。二〇年度までに主力ブランドで国内売上高の五〇%、その他の一五の重点ブランドと合わせて同九〇%を稼ぐ体制を確立する。

主力ブランドは「マキアージュ」「エリクシール」「クレ・ド・ポー　ボーテ」「ツバキ」「ベネフィーク」の五つ。重点ブランドは主にドラッグストアで売る「アクアレーベル」「専科」など一五の商品群。ツバキやアクアレーベル、専科は二〇〜三〇代の女性が主な顧客層だ。

ブランドの廃止による在庫減や資材削減効果のほか、原料調達のやり方を見直し、三年間に三〇〇億〜四〇〇億円のコストを減らす。捻出した金額はすべて広告宣伝などマーケティングに投入する。マーケティング投資は二〇一四年三月期には八三九億円に激減したが、一八年同期には二四〇〇億円にまで積み増す計画だ。

足元の業績は厳しい。二〇一五年三月期の連結売上高は前期比二・一%増の七七七六億円、営業利益は四四・四%減の二七六億円と大幅な減益だった。海外売り上げは四一二一億円と七・一%増えたが、国内が三六五六億円で三・一%減。消費増税前の駆け込み需要があった一四年三月期を除き、二〇〇七年三月期以降は減収が続く。一九八〇年代に三割近くあった国内シェアは半減した。

得意とするマーケティングで窮状を打開する。ブランドの再構築により二〇二一年三月期の売上高は、一五年三月期より三割多い一兆円、営業利益は四倍増の一〇〇〇億円の強気目標を掲げる。

▼▼▼初めて外部から招いた社長

魚谷雅彦は二〇一四年四月一日、資生堂の社長に就任した。一四〇年を越える歴史を誇る同社で、役員経験のない外部の人間が社長に就任するのは初めてのことだ。

きっかけは、日本コカ・コーラの社長を辞めた後、仲間たちとグローバルマーケティングを手がけるブランドヴィジョンを設立したことに始まる。ここで携帯電話会社、NTTドコモのサービス改善の仕事を請け負った。役員合宿の講師に資生堂の社長（当時）の前田新造を招き、前田流の「お客さま志向」の戦略を聞いた。

前田新造は二〇一一年から会長を務めていたが一三年四月、健康上の理由で事実上、社長を解任した末川久幸の後を受けて社長に復帰していた。これが縁で、前田から「資生堂のマーケティングを立て直したい。手伝ってほしい」と頼まれ、マーケティング分野の統括顧問を引き受けた。

「エリクシール」「マキアージュ」「SHISEIDO」の主力ブランド刷新の助言を求められた魚谷は、顧問でありながら販売子会社や専門店に足を運び、現場の担当者の生の声に耳を傾けた。この仕事ぶりを前田は高く評価した。

〝ポスト前田〟の後任人事の選定が本格化した二〇一三年秋、社外取締役らで構成する「役員指名諮問委員会」に対し、前田は魚谷を後継候補の一人に挙げた。「ぽっと入ってきた人に資生堂の文化が分かるのか」。委員には否定的意見があった。だが、低迷を続ける自社ブランドを再生させるためには、マーケティングを重視する必要がある、との前田の主張が通り、全会一致で魚谷を社長に迎えることを決めた。

二〇一三年一一月、銀座のレストランに呼ばれ、前田から社長への就任を、直接、要請された。指名委員会の結論だという。仲間とつくったブランドヴィジョンを放り出して、他の会社の社長は引き受けられない。二、三日して断った。数日後、「資生堂を、日本を代表するグローバルブランドにしてほしい」と再度、口説かれた。

〈初めはすごく怒ったブランドヴィジョンの役員が「みんなと相談した。資生堂の社長をやるべきだ」と言ってきた。「日本の企業を、マーケティングで世界で戦える会社に変身させたいという、魚谷さんの志に賛同した。後のことは何とかするから、頑張ってほしい」と言われた。（私は）目が潤んだ〉[★1]

ドラッグストアとネット通販が台頭

前田がマーケティングのプロである魚谷にブランドの再生を託したのはこういうことだ。

資生堂は百貨店の化粧品売り場と、全国に張り巡らした化粧品専門店を二本柱にトップメーカーの地位を不動なものにしてきた。しかし、一九九七年四月の化粧品再販制度の撤廃から資生堂の長期低落が始まる。価格決定権がメーカーから小売業者に移り、販売チャネルは大きく変わった。

得意としてきた百貨店向けの高級化粧品は低迷。資生堂を支えてきた化粧品の専門店は減少した。代わって、DHC、ファンケルなどネット通販系の化粧品が台頭してきた。若い消費者が多いドラッグストアでは、花王やロート製薬、富士フイルムなどニューカマーにシェアを奪われた。

資生堂の国内化粧品事業の売上高は二〇〇八年三月期の四三九〇億円がピークで、一三年三月期には三四五八億円と一〇〇〇億円近く減った。資生堂の独り負けが続いた。

若い女性から「おばさんブランド」と呼ばれている既存のブランドを再生させるしかない。そこで、前田はマーケティングのプロの魚谷に白羽の矢を立てた。マーケティングとは商品の販売やサービスを促進するための活動。「売れる仕組み」をつくることだ。

五つの会社でマーケティングの腕を磨く

魚谷はライオン歯磨（現・ライオン）を振り出しに、シティバンク、ヤコブス・スシャール、クラフト・ジャパン、日本コカ・コーラと五つの会社でマーケティングの腕を磨いてきた。

ライオンでは入社三年目に最年少の留学生に選ばれた。ニューヨークに飛び、コロンビア大学のビジネススクールでマーケティングを学んだ。ＭＢＡ（経営学修士）を取得して帰国後、ライオンの企画部に五年ほど在籍した。日本の会社では企画を通すためには、根回しが必要になる。日本的慣行に縛られていては、最初は四角だった企画が最後には丸くなってしまう。自分が考えた通りのマーケティングがしたくなり、ライオンを飛び出すことを考えていた。

シティバンクから声がかかったのは、そんなときだった。

企業の戦略やニーズに合わせて商売をするコーポレート・ファイナンスに力を入れる、という話は説得力があり、シティバンクに転職した。

一年後、大きな転機が訪れた。きっかけは一人のドイツ人との出会いだった。そのドイツ人はスイスに本社に置く世界的なチョコレートメーカー、ヤコブス・スシャール社の日本法人の立ち上げに苦労していた。銀行マンでありながらマーケティングから小売りの営業のことまで知っている魚谷に、ドイツ人社長は「ぜひ、うちに来て、いっしょに会社を立ち上げてくれ」と懇願。ナンバーツーとして入社した。

一年ほどたって、日本法人が軌道に乗りかけたころ、スシャール社が米コングロマリット（複合企業)のフィリップ・モリスに買収された。日本法人はフィリップ・モリスの食品部門クラフト・ジャパンに吸収され、清算されることになった。

〈一番悩んだのは、自分で採用した社員の身の振り方です。クラフトは八〇人もいらないという。一人ひとりに面接すると、来月、子供が生まれるので女房にまだ(退職を)言ってないという人もいて、辛かったですね〉[★2]

フィリップ・モリス側は魚谷の「終戦処理」を高く評価し、クラフト・ジャパンのゼネラルマネージャーの椅子を用意した。

魚谷が一九九一年に入社してから、クラフトは主力のチーズが毎年二〇%を超す伸びを記録するなど、ビジネスは急拡大した。欧米向けの製品のなかから有望なものを魚谷は日本市場向けに作らせ、それがアジアでヒットした。

クラフトに移って三年目の一九九四年のある日、魚谷に日本コカ・コーラから上級副社長のポストを提示された。思いもよらぬ出来事だった。すでにビジネスの仕組みができ上がり、大きな利益を出している会社に行っても、いまさら何かやることがあるのだろうかと悩んだ。そんな魚谷の考えを変えたのはマイケル・ホール社長(当時)だった。

〈社長がこう言い切った。確かにでき上がった組織のように見えるが、改革の余地はいっぱいあるんだ。マーケティング・カンパニーなんて言われているが、実はマーケティングができていないんだよ〉[★3]

コカ・コーラは一九八〇年代の成長を支えた缶コーヒー「ジョージア」が伸び悩み、続く大型商品が育たずに苦しんでいた。一〇〇万台弱の自販機と一万数千人の営業員をバックに仕事ができる点に引かれ、魚谷はコカ・コーラに移ることを決意した。

▼▼▼ 数千万円かけた缶コーヒーのCMを中止

一九九四年五月、魚谷は日本コカ・コーラ取締役上級副社長・マーケティング本部長に就任した。四〇歳の若さだった。

彼のデビューは衝撃的だった。会社に入って二週間後、放映中の缶コーヒーのCMを、突然「中止する」と言い出した。米国で予定していた秋冬向けのCMの撮影もキャンセルした。数千万円の広告費を無駄にした。

米国では「ジョージア」はブルーカラー（肉体労働者）の飲み物だった。筋肉隆々とした港湾労働者が汗だくになって働いた後に、ジョージアをおいしそうに飲むというストーリーが展開されていた。こんなCMでは、日本のサラリーマンの共感は得られないと、魚谷は考えた。

当時ジョージアの市場シェアは四三%で、トップブランドだった。売れていた理由ははっきりしている。他社の五倍から一〇倍ある自動販売機のおかげだった。実際のブランド力ではサントリーの「BOSS」に負けていた。魚谷は社長のマイケル・ホールにマーケティング戦略を一から見直したいと直訴した。

系列のボトラーは「飲料ビジネスの経験の無い若造に任せて大丈夫か」と反発した。新しい企画案がまとまる八月末まで、魚谷は昼夜を問わず、一日も休まず市場調査とその分析に明け暮れた。いつしか社内に「二四時間働く男」という伝説が生まれた。

▼▼▼缶コーヒー「ジョージア」を復活させたマーケティング力

缶コーヒーを常に飲んでいる数千人分の調査から浮かび上がったのは、大半の消費者が仕事の合間の気分転換に飲んでいるということだった。

〈ほっとしたがっている。そんな消費者に効果的なアプローチはできないか――〉。

「女性でいこう」。魚谷がつぶやいた。飯島直子が、忙しく働く男性にお疲れさま、明日も頑

張ってと語りかけるCMは、このひと言がきっかけで出来た〉〔★4〕

マーケティングの成功の要諦は、「関係する全員を巻き込む」ことである。九月第一週にボトラーの決起大会を開き、飯島直子のCMを流した。会場からはどよめきが起き、魚谷は握手ぜめにあった。九月下旬から実施されたキャンペーンは消費者キャンペーンの常識を覆すものだった。全国八五万台の自販機すべてにポスターやシールを張って応募ハガキを集めた。懸賞で当たるのは原価が一万円ほどの冬物コート。缶コーヒーの「ジョージア」に付いたシールを数枚集めて応募する。

一九九五年は三四〇〇万通、九六年には四四〇〇万通の驚異的な応募が殺到した。消費者が買ったジョージアは二億六〇〇〇万缶、金額にして三〇〇億円に達した。

九四年秋に始まった「男のやすらぎ」キャンペーンは、無名だった飯島直子を「癒やし系女優」として一躍人気タレントに押し上げ、ジョージアのシェアは三年後に五三%と一〇ポイント高まった。

CMソング「明日があるさ」は社会現象に

次に手がけたのは「爽健美茶」である。「はとむぎ、げんまい、つきみそう、そうけんびちゃ」のCMソングでこれも大ヒットとなった。そして二〇〇〇年に社長代行に就くと、魚谷は再び缶コーヒー「ジョージア」の広告を手がけることになった。

「明日があるさ」は一九六三年に坂本九が歌ったヒット曲である。二〇〇〇年八月に、日本コカ・コーラが販売する缶コーヒー「ジョージア」のCMソングに採用されると、空前のリバイバル・ヒットとなった。

「明日があるさ」のCMは「男のやすらぎ」とは違って、前向きなメッセージだ。インターネットバブル、ベンチャーブームが陰りを見せていたという時代的な背景があり、日本を、日本人を明るく元気にしていこうという風潮に、ダウンタウンをはじめとする人気お笑い芸人を登場させたキャスティングの妙が加わり、たちまち話題となった。

翌二〇〇一年に「ジョージア」は多くの広告賞でグランプリを受けたばかりでなく、「明日があるさ」という言葉が新語・流行語大賞のトップテンに入賞するなど社会現象を巻き起こしたのである。カバーバージョンを歌ったウルフルズはCMにも登場した吉本興業のお笑い芸人たちと一緒にNHKの紅白歌合戦に出場を果した。また同曲は、二〇〇二年春の選抜高等学校野球大会の入場行進曲にも選ばれた。

こうした実績が米国本社から評価され、魚谷は二〇〇一年一〇月に日本コカ・コーラ社長に就任した。歴代一三人の社長の中で二人目の日本人社長だった。魚谷は「ナンバーワンのマーケティング会社を目指す」と宣言した。

▼▼▼「ジョージア」の大キャンペーンで大失敗

魚谷のマーケティング人生は華やかなことばかりではない。二〇〇六年七月、魚谷は日本コカ・コーラの会長に退いた。突然の社長交代だった。皮肉にも二度にわたる成功を収めてきた缶コーヒー「ジョージア」のキャンペーンで大失敗したのが原因だ。

二〇〇六年一～六月の「ジョージア」の販売数量は、前期比四％減と推測された。一方、ライバルのサントリーの「ＢＯＳＳ」は四％増、キリンビバレッジ「ファイア」は五％増だ。『週刊東洋経済』（二〇〇六年七月二九日号）は、ジョージアが独り負けした理由をこう分析した。

〈昨秋、日本コカ・コーラは新しい試みに打って出た。キャッチフレーズに「自分の道を歩くのだ！」を掲げ、20代の若者層の取り込みを狙ったのだ。市場規模９０００億円の缶コーヒー市場で、シェア30％弱を握るジョージアは40代男性に圧倒的に支持されている。40代のコアユーザーの上に新たな若者ユーザーを取り込めば、市場全体は頭打ちでもジョージアの成長は可能と考えたのである。

ロゴとパッケージをカジュアルなデザインに変更し、ＴＶ広告も若者に的を絞った。綿密に練り上げた戦略だったが、これが裏目に出た。40代のコアユーザーがデザインの変更を嫌い、他社製品に鞍替えしたのだ。しかも、せっかく取り込んだ（と思った）若者ユーザーも、キャンペーン効果が薄れると離れていった〉［★5］

魚谷は自著『こころを動かすマーケティング』（ダイヤモンド社）でこう書く。

〈お客さまが変わったから自分たちも変化するのではなく、ヒントになるような現象を見て、自分たちからその変化を先取りするのです。先回りして驚かせ、感動させることにマーケティングの面白さが潜んでいるのです〉［★6］

顧客の期待以上の驚きを提供できるかどうかにかかる。魚谷は、男性向け商品にもかかわらず、女性タレントの飯島直子をＣＭに起用した缶コーヒー「ジョージア」を大ヒットさせた。「当時としてはまだ、大胆かつ先進的なネーミングだった」と魚谷が自著で回想している「爽健美茶」は若い女性に支持された。

ところが、「ジョージア」の刷新キャンペーンは大外れに終わった。驚きを提供するマーケティングは、逆効果もありうるということだ。

社長を退任した魚谷は会長として日本コカ・コーラに籍を置いたが、グローバルマーケティング会社、ブランドヴィジョンを立ち上げ、ここを活動拠点にした。そこで知り合った資生堂の前田新造から、ブランド再生を託されて資生堂社長に転じたことは冒頭触れた通りである。

ブランドマネージャー制度の導入を再生の起爆剤に

「マーケティングは一気通貫であるべきとの強い思いを持っている」

二〇一四年七月一八日、資生堂が東京・目黒で開いたスキンケア「エリクシール」の新製品発表会で、冒頭に登場した社長の魚谷は持論を滔々と述べた。エリクシールの新製品は、マーケティング統括顧問に招かれた魚谷の戦略が全面に反映された最初の製品である。

日本コカ・コーラ時代に成果を上げた「ブランドマネージャー制度」を取り入れた。研究、商品企画、販売などの部門ごとの縦割りをやめ、一人がブランドにかかわる全責任を負う。エリクシールは国内のスキンケアブランドで四位に甘んじている。ブランドマネージャー制度をテコに、魚谷は新製品発表会で「ナンバーワンを目指す」とぶちあげた。

エリクシールの商品企画を担当した横田由香が資生堂初のブランドマネージャーだ。彼女は営業担当者に連れられて、初めてドラッグストアに出向いた。

魚谷がブランドマネージャーにこだわるのは、彼のビジネスマンとしての出発点と関係がある。同志社大学を卒業し、ライオン歯磨（現・ライオン）にトップの成績で入社した。英検一級の語学力を生かせる海外との合弁事業が第一希望だった。

意に反して最初の仕事は九州を中心とする地方営業。しかも家庭用の歯磨きや洗剤ではなく、歯医者を回って「いい歯ブラシがありますから、ぜひ患者さんに勧めてください」と売り込む仕事だった。

〈どんなに優れた商品も、最終的にユーザーの手に渡らなければ意味がない。その仲介を果たすのは問屋なら、彼らの力をとことん借りよう〉[★7]

毎日、朝から晩まで、問屋と一緒に売り歩いた。すると、いつしか問屋の方から支援してくれるようになり、成績は急カーブで上昇した。

「流通あってのメーカー」という発想はこの時生まれた。魚谷のいうマーケティング戦略は、広告とか市場調査に限ったものではない。商品開発から流通まで、経営すべてに「顧客の視点を入れる」ということだ。それを担うのが、ブランドに全責任をもつ、一人のブランドマネージャーなのだ。

魚谷は資生堂の全国の販社や専門店、百貨店、ドラッグストアを飛び回り、業績不振の原因を現場で徹底的に探ってきた。痛感したのは「マーケティング力の弱さ」だった。そこで資生堂ブランドの再生の中核に、ブランドマネージャー制度を据えることにした。魚谷は、資生堂では目先の成果を追うのではなく、長い目でみたブランド力の再生を目指す。

横浜市の、みなとみらい21地区に新しい研究拠点「グローバルイノベーションセンター」（仮称）を作るのは、「収益力の低下の背景に、研究力の弱体化がある」とみているからだ。基礎研究の段階から消費者の視点を取り入れる都市型オープンラボとする。地上一四階、地下二階で総投資額は三〇〇億円から四〇〇億円になる。化粧品の研究施設としては世界最大級で、二〇一八年末に一〇〇〇人規模でスタートする。

ブランド力が落ちた原因として、魚谷は「顧客志向の欠如」をあげる。「お客様が今、何を求めているかという視点より、この技術を商品化しようという考え方が強かった」。二〇〇八年に発売したシニア向けのスキンケア化粧品、「エリクシールプリオール」が売れなかったのは、私らしく輝きたいというシニア層の深層心理を探り当てることができなかったからだと言い切る。

二〇一五年一月に発売したシニア向けの新ブランドでは、六〇〇〇人を超える消費者調査を実施。これまで資生堂は小ジワが目立つとして、アイシャドーや頬紅にパール感を出さないようにしてきたが、諸費者のニーズとは全く逆だったことが判明した。

お客様に求められる存在への転換――。その実現に向けて、魚谷は全力疾走する。

6

日の丸半導体の企業体質を変えようと苦闘した「石臼」

作田久男

（ルネサスエレクトロニクス前会長兼ＣＥＯ）

【略歴】

一九四四年九月六日、愛知県生まれ。六八年、慶應義塾大学工学部計測科卒業後、立石電機（現オムロン）に入社。九五年、取締役、九九年執行役員常務、二〇〇一年、執行役員専務、エレクトロニクスコンポーネンツカンパニー社長。二〇〇三年六月、社長兼ＣＥＯ（経営最高責任者）。一二年会長。二〇一三年六月、ルネサスエレクトロニクス代表取締役会長兼ＣＥＯ。二〇一五年六月に会長兼ＣＥＯを退任。

★

豪腕経営者、作田久男は二〇一五年六月、ルネサスエレクトロニクスの定時株主総会で代表取締役会長兼ＣＥＯ（最高経営責任者）を退任した。

二〇一三年、石臼と呼ばれた一人のプロ経営者が国策・半導体メーカーの企業文化を変えることに挑戦した。二〇一五年三月期は会社設立以来、初めて最終黒字に転換した。成果をあげたにもかかわらず、志半ばで退いたことになるのか。いや違う。作田久男の志が根付き、花開くかどうかが分かるのは早くて三年後、あるいは五年後かもしれない。
これまで取り上げてきた経営者とは一味も二味も違う、硬派のプロ経営者の生き様を見てもらいたい。

顧客が嫌がるM&Aがベストかもしれない

「買収は顧客が嫌がる買収と、そうでない買収がある。もしかすると、顧客が嫌がるM&A（合併・買収）の方が効果があるのかもしれないと（私は）思っている。競合他社の買収のニュースが相次ぐ中で、心中穏やかでないのも事実。けれど、焦って誤った投資を行うわけにはいかない」[★1]

〝日の丸半導体〟メーカー、ルネサスエレクトロニクスが二〇一四年九月二日に、東京都内で開催したプライベートイベント「Renesas DevCon JAPAN2014」の会場で、会長兼CEO（当時）の作田久男は、メディアとのインタビューで、新たなM&Aを含め、事業の成長に向けた投資を行う方針を明らかにした。

世界の同業他社に比べてM&Aで一周遅れになっていることから「心中穏やかでない」と悔しさを滲ませたが、「顧客が嫌がる買収」を示唆したことが波紋を描いた。この文脈での顧客とは、大株主でもある自動車メーカーを指していることが明らかだったからだ。

半導体業界は大型の業界再編が続く

二〇一五年三月、オランダ半導体大手のNXPセミコンダクターズが、米同業のフリースケール・セミコンダクタを買収することで合意した。負債を含めた買収総額は一六七億ドル（約二兆円）。自動車向け半導体でNXPは、ルネサスエレクトロニクスを抜き世界首位に立つ。

NXPはフィリップス（オランダ）、フリースケールは米モトローラーの半導体部門が、それぞれ分社化して生まれた。単純合算の売上高は一〇〇億ドル（約一兆二〇〇〇億円）を超え、自動車用半導体や制御措置で強みを持つ。統合初年度に二億ドル（約二四〇億円）、最終的に五億ドル（約六〇〇億円）のコスト削減効果を見込む。

自動車向けが半導体の主戦場となってきた。電気自動車（EV）などが増え半導体の使用量が拡大した。自動車を常時、ネットと接続して外部と情報のやりとりするサービスや自動運転技術の開発が進み、半導体のさらなる需要拡大が期待できる。

二〇一五年一月には、独シーメンスから分離した独インフィニオンテクノロジーズが米インターナショナル・レクティファイアを三〇億ドル（約三六〇〇億円）で買収した。事業再編で生まれた欧米大手が、成長分野の自動車市場で、新たな需要の開拓に向けて合従連衡を繰り返している。

七年ぶりに最終黒字に転換に成功

ルネサスは二〇一五年三月期の連結最終損益が八二三億円の黒字（前期は五二億円の赤字）に転換した。NECエレクトロニクスとの統合前のルネサステクノロジ時代の二〇〇八年三月期以来、実に七年ぶりの最終黒字だ。自動車や産業機器向け半導体が堅調に推移したことや、構造改革の実行により収益構造が大きく変わった結果である。売上高は前期比五・〇％減の七九一〇億円、営業利益は五四・四％増の一〇四四億円だった。

業績はようやく、水面に顔を出したところだ。世界のライバルメーカーは、規模の拡大、コスト削減に向けて、積極的にM＆Aに乗り出している。ルネサスは自動車用マイコンで世界首位だったが、フリースケールを買収するNXPにトップの座を明け渡す。

企業再生請負人の作田久男が目指すのは、高機能化が進む世界の自動車用マイコンで主導権を握る企業になることだ。しかし、足元はリストラ疲れで疲弊し切っていた。

通算六度目のリストラ

ルネサスにはリストラの嵐が吹き荒れていた。二〇一四年一二月二四日、国内の三五歳以上の社員を対象に実施した早期退職募集に対して、一七二五人が応募したと発表した。募集人員は一八〇〇〇人だった。

退職日は二〇一五年一月三一日で、通常の退職金に特別加算金を上乗せして支給した。希望者には再就職先を斡旋した。早期退職の実施により年間一四八億円の人件費が減ると見込んでいた。

早期退職を実施するのは通算六度目。二〇一四年の一年間だけでも三度行った。生産拠点の再編に伴い一四年三月(応募者数六九六人)、設計・開発拠点の統合により同年八月(同三六一人)に実施した。

ルネサスは二〇一一年三月の東日本大震災で工場が被災して以降、経営危機といえる状況に陥り、一万人以上のリストラや大規模な工場の再編を実施するとともに、不採算事業から相次いで撤退した。人員削減など大きな痛みを伴う構造改革が繰り返されたが、それでも、経営再生の道程《みちのり》は遠かった。

ルネサスのリストラは国会でも取り上げられた。日本共産党の小池章議員は一五年三月二六日、参院厚生労働委員会で質問に立った。遠隔地に配置転換している労働者を対象に、会社分割を理由に、移籍を迫っている実態を小池は告発した。

「ルネサスの会社分割の手法は、商法付則五条に照らして重大な瑕疵《かし》がある」との訴えが(社員から)あるとして、政府が全面的に調査・監督するよう要求した。国がルネサスを産業革新機構を介して支援していたから、政府に調査・監督を求めたのだ。塩崎恭久厚生労働相は「真摯に対応する」と答弁した。

国策会社、ルネサスはリストラの泥沼から抜け出せず、あがいていた。

▼▼▼日の丸半導体のトップ人事が迷走

ルネサスエレクトロニクスは三菱電機、日立製作所から分社化して出来たルネサステクノロジと、NECから分社化したNECエレクトロニクスが経営統合することによって、二〇一〇年四月に誕生した半導体メーカーである。

二〇一一年三月に発生した東日本大震災で八つの工場が操業停止に追い込まれた。特に、自動車用マイコンの主力拠点の那珂工場（茨城県ひたちなか市）が壊滅的な打撃を受けた。ルネサスからマイコンの供給を受けていた国内の自動車メーカーは軒並み生産がストップした。

再生のスタートラインに立つまでに、長いこと足踏み状態が続いた。二〇一二年夏、債務超過への転落を回避するため、当時社長の赤尾泰が米投資ファンド、コールバーグ・クラビス・ロバーツ（KKR）に出資を要請した、と報じられた。

これに猛反発したのがトヨタ自動車だ。燃費や走行性能を左右するエンジンユニットに組み込む車載用マイコンでルネサスのシェアは四二％で世界首位。トヨタがハイブリッド車（HV）に使うマイコンはすべて特注品でルネサスが納入していた。

KKRが経営権を握れば、顧客の要望に応じた特注品の生産を減らし、数で勝負ができ儲けが大きい汎用品しか作らなくなる恐れがあった。トヨタは「（ＫＫＲの傘下に入れば）新車開発に支障が出かねない」と結論づけた。トヨタの要請を受けて経済産業省が巻き返しに出た。

「外資から日の丸半導体を守れ」。二〇一二年一二月、政府系投資ファンド・産業革新機構とトヨタ自動車などの顧客八社が一五〇〇億円の第三者割当増資を引き受けるスキームが決定した。産業革新機構が一三八三億円を出資し、トヨタ自動車、日産自動車、パナソニックなど顧客八社は一一七億円を出資する。革新機構の持ち株比率は六九・一六％で、ダントツの筆頭株主となる。出身母体のＮＥＣ、日立製作所、三菱電機の持ち株比率は六～九％に低下し主要株主ではなくなった。

二〇一三年二月二二日の臨時株主総会で、革新機構とトヨタ自動車など顧客八社を引受先とする総額一五〇〇億円の第三者割当増資が承認された。

革新機構の支援を決定した時点で、新しいトップが決まっていなければならなかった。しかし、トップは決まらない。更迭した赤尾泰社長の後任に、仕方なく日立製作所出身の鶴丸哲哉取締役を社長に昇格させ、幕間つなぎをした。本格的なトップ候補としてソニーの吉岡浩・元副社長など有力者に接触したが決まらず、人事は難航した。トヨタの発言力があまりに強いため、ルネサスが引き続き、特注品の安値販売を強いられるのでないかと懸念されたこともあって、経営トップの引き受け手がなかったというのが実態だ。「トヨタと喧嘩したくない」との思いがあったからだろうか、誰も引き受けなかった。

迷走の果てに、オムロンの作田久男会長の起用にこぎ着けた。作田は二〇一三年六月の株主総会とその後の取締役会でルネサスの会長兼ＣＥＯに正式に就任した。

一三年九月、革新機構やトヨタなどから、合計一五〇〇億円の出資が完了し、ようやく再スタートを切った。

石臼と呼ばれた男

常にこわもての作田久男のオムロン時代の渾名《あだな》は石臼だった。一九八一年から五年間、米国に駐在した時に、創業家の立石義雄が名付けた。当時、作田は事業部の室長だったが、取引先の社長や副社長を相手に、即断即決の商談ばかりを手掛け、米国流の手荒い洗礼を受けた。それでも作田が、決して揺るがず、的確に判断して問題を解決する様を見て、堅い米粒をゴリゴリと砕いて粉にする石臼のようだと、親愛の情をこめて、こう命名したのだといわれている。

慶應義塾大学工学部を卒業し、立石電機（現・オムロン）に入社。エンジニアとして中央研究所に配属になった。商品開発が仕事だったが、営業部門への配属を希望して転属してからは、営業畑をずっと歩いた。制御機器・電子部品の販売といったオムロンの本流を経験し、稼ぎ頭となった車載電装部品については立ち上げからかかわった。「将来を見通してゲイン（利益）を最大限に引き上げるのが得意」と作田は自分の長所を語っている。

ITバブルが崩壊した二〇〇二年三月期にオムロンは一五七億円の損失を出し、危機的な状況に追い込まれた。早期退職者を募り、構造改革に取り組んだ。創業家出身の社長、立石義雄が構造改革の実行を託したのが、自ら石臼と名付けた男だった。立石は創業家中心の経営に限界を感じていた。創業家出身の立石にも臆せず意見をする、作田の剛直さを高く評価して、社長に大抜擢した。立石から「お前に社長のボールを投げたら逃げるな」と言われ、作田は「そうなったら、腹をくくります」と応じ、二〇〇三年六月にオムロンの社長に就任した。創業家以外から初めての社長だった。

作田が経営者として、その手腕を評価されるようになったのは、実は社長になってからだ。不採算事業の整理など構造改革を果敢に進めた結果、就任一年目から業績は急回復した。

〈〇四年に現金自動預け払い機（ATM）事業について、マイノリティ（少数）の出資で日立製作所と合弁会社を設立し、事業を移管しました。売上高六〇〇〇億円前後の企業にとって、全体の一〇%に近い五〇〇億円の事業を切り離すのは、かなりつらい。最も気を使ったのは、オムロンから離れていく何百人もの社員に対する動機づけ（＝やる気）です。

彼らの多くは、入社以来ATM関連の仕事に携わってきた。オムロンを離れることは、確か

に寂しいかも知れないが、ビジネスマンとして何に賭けるかを明確にし、決心した上で行動してくれ、と話しました〉［★2］

人員の削減と並行して、不得意分野の事業の売却、撤退、合弁会社への移管などを進め、五年間で一〇〇〇億円分の事業を連結対象から外した。文字通り「痛みを伴う改革」で増収増益の路線に、しっかりと戻した。

オムロンで発揮したリストラなど修羅場に強い豪腕と、ルネサスが注力する自動車向けマイコンに詳しいことから、作田に白羽の矢が立った。トップへの就任を要請した人の辞退が相次ぐなか、「誰かがやらないといけない」との思いで作田は火中の栗を拾った。

▼▼▼ 歯を衣着せぬ発言でルネサスに切り込む

ルネサスが再スタートを切った直後の二〇一三年一〇月三〇日、「変革プラン」を会長兼CEOの作田久男が自ら説明した。

「マーケットイン志向」「内部運営上の課題」「更に強固な財務体質の構築」という三つの経営課題を克服することが、そこには謳われていた。IT専門のニュース媒体、EE Times Japan（二〇一三年一〇月三〇日付）が、作田の発言を詳細に伝えている。歯に衣着せぬ作田節が、ここでも炸裂した。

〈「発表資料では課題と表現しているが、率直言って課題ではなく危機と認識している。マーケットイン志向を分かりやすく表現するなら、ルネサスが市場・顧客から離れつつあること（の改善・是正だ）。内部運営についても、前にいた会社（オムロン）よりも、一般的な会社よりも（ルネサスの）社員の当事者意識は低い」と、まったく容赦がない〉[★3]

製品の取捨選択については、「ルネサスはこれまで、集中と選択を人一倍やってきたが、集中が弱く、下手くそ」[★4]とこれまでの対応のまずさを厳しく指弾した。

さらに「最も難しいのは変動費の削減。変動費は必ず上がるものであり、（資材などを）買いたたくという（小手先の）ことではなく、思い切った手が必要になる。ルネサスをみると、（資材など）の標準化、共通化がなされていない。その原因は、親会社三社（NEC、日立、三菱）からの影響を払拭できていない点にある」[★5]と合併会社の弊害にまで踏み込んだ。

危機を乗り越えるには、「まず、徹底的に収益にこだわりたい。利益のない企業はむなしいだけだ」と利益重視の姿勢を、はっきりと打ち出し、「通過点として二〇一六年度（二〇一七年三月期）営業利益率二ケタ、粗利益率四五％の達成」を明確な目標として掲げた。

▼▼▼「人員の過剰感は二五％ある」発言に社員は戦々恐々

ルネサスの構造改革は、作田がオムロンでやったのと同じ手法が採られた。不得意分野の事業の売却、撤退、分社化などにより人員を削減することだ。

ルネサスは経営統合してからリストラを日常茶飯事のごとく繰り返してきた。社員数は統合当時の四万二八〇〇人から一四年三月期末には二万七二〇〇人まで四割近く減った。

それでも作田は「ヒト、モノが多すぎる」と考えていた。二〇一四年五月時点で「人員の余剰感は二五％ある」と述べ、一七年三月期末までに国内八工場の閉鎖や大幅縮小を打ち出した。

作田がトップに就いてからも、リストラに次ぐリストラの嵐が吹き荒れたのは、彼の厳しい現状認識があったからにほかならない。

一四年八月の設計・開発部門の再編では、付加価値の高いソフトウエア設計は本社に残し、下請け的要素の強い回路設計などの部署は子会社に集約した。子会社へ転籍した社員は「（作田の）厳しい姿勢を目の当たりにしているだけに、この会社が、いつ売却されても不思議はない」と戦々恐々とした。

傘下のルネサス山形セミコンダクタの鶴岡工場（山形県鶴岡市）が整理の突破口になった。一四年三月、同工場はソニーに売却した。譲渡価格は七五億円。鶴岡工場は任天堂向けをはじめとするシステムLSIを生産していたが、稼働率の低下を理由に閉鎖が決まった。ただ、閉鎖するだけでは雇用への影響が出る。こうした地元の懸念に配慮して、ソニーに売却することになった。ルネサス山形には従業員九一二人が在籍していた。鶴岡工場で働く従業員六八〇人のうち、八割がソニーの子会社、ソニーセミコンダクタに移籍した。

賃金制度にもメスを入れた。固定費を一〇〇億円削減するためだ。二〇一四年一〇月から基本給を七・五％減額した。加えて、住宅や家族手当の廃止・減額により、月額の給与を平均一〇％削減した。

評価制度も導入した。社員の成果を一一段階に分けた。賞与の支給額も評価に連動する仕組みにした。最低評価が二回続くと降格・降級となる。事業部ごとの相対評価のため、低い評点がつく者が必ず出てくる［★6］。最低評価となった人々は、退職勧告の対象になるのではないかと怯えたという。

稼ぎ頭の優良子会社も売却

優良子会社も躊躇なく売った（ことになっている。この辺の裏事情は後述する）。二〇一四年六月、子会社のルネサスエスピードライバ（RSP）を米電子部品メーカー、シナプティクスに売却すると発表した。売却額は四八五億円で、売却手続きは同年一〇月に完了した。RSPは一〇月一日にシナプティクスに社名を変更した。

RSPはルネサスの隠れた優良子会社だった。液晶画面のどの場所をどの色に光らせるかをコントロールするための半導体が主力製品だった。低消費電力で高画質になると評価され、米アップルのスマホ、アイフォーン（iPhone）に採用されるなど、スマホ向けで世界シェア四〇％、堂々たる首位だった。

アップルに認められたことをテコに、RSPの二〇一四年三月期の売上高は六六〇億円、営業利益率は約二〇％に上り、年間で百数十億円の営業利益をもたらす、ルネサスのドル箱、子会社だった。この会社を売却した裏には大株主の事情が隠されていた。もしかすると、作田はしぶしぶRSPを売ったのかもしれない。

大株主の産業革新機構はマイコンだけで再建できると判断していた。大赤字の元凶であるシステムLSI（大規模集積回路）事業を切り離し、富士通、パナソニックとの三社統合を予定していた。だが、トヨタなど自動車メーカーが車載向けシステムLSI事業は、温存すべきだと強硬に主張。ルネサス内部の意見がまとまらなかったため、しびれを切らした富士通、パナソニックは二社での統合を決め、見切り発車してしまった。

結局、ルネサスは車載と産業機器向けLSIは自社で生産を継続し、携帯電話向けのシステムLSI事業を売却することに方針を変更した。大株主よりトヨタなど自動車メーカーの考え方が優先されたということだ。ＲＳＰがルネサスから切り離された理由は、まさに自動車メーカーの台所事情。不採算事業は自動車メーカーの強い意向で残され、稼ぎ頭の子会社を売る破目になったのだ。

▼粗利益率を最も重視する

「最低限の目標を達成することができそうだ。二〇一五年は勝ち残りを賭けたステージに入っていくと思っている」

仕事始めとなる二〇一五年一月五日。ルネサスの年頭式で会長の作田は居並ぶ幹部社員を前に、こう切り出した。

最低限の目標とは利益率のことだ。就任直後に打ち出した「変革プラン」では、二〇一七年三月期に営業利益率二ケタ、粗利益率四五％という明確な目標を掲げた。最も重視するのは粗利益率である。製品別から顧客別の事業部制に組織を変え、生産、開発、営業の全セクションに、売り上げではなく粗利に責任を持たせる体制を敷き、利益重視の姿勢を鮮明にした。

二〇一五年三月期の粗利益率は四〇・三％。前の期より三・一ポイント改善した。目標の四五％は射程圏内に入ったといっていい。

人員削減と工場閉鎖以外に、作田は採算性の低い製品や、価格変動が大きい事業からの撤退を決断してきたから、粗利益率がアップしたのだ。

売上高八〇〇〇億円のうち二〇〇〇億円が撤退の対象となっていた。このうち一〇〇〇億円はデジタル家電やスマホ分野で、RSPを売却したのに続き、総て撤退する。残りの一〇〇〇億円が車載や産業用など。注力する事業の中にも、採算性の低い製品がある。顧客の了解を得つつ、収益率の高い製品への置き換えを行う腹積もりだった。

▼▼▼脱トヨタが逆鱗に触れる

車載向けマイコンでは四〇％と世界のトップシェアなのに、ルネサスの粗利益率はライバルの半導体メーカーよりも低かった。二〇一四年第三四半期（一〇〜一二月期）で見れば、テキサス・インスツメンツの粗利益率は五八％、マイコン専業のマイクロチップは五六・五％。対するルネサスは四〇・九％。ルネサスは自動車メーカーの仕様に沿った特注品を下請け的に製造し、毎年、自動車メーカーのコストダウンにも応じる体質が染み付いていた。信じられないことだが、作田が来るまで自動車メーカーに納入する製品の価格アップの交渉をした経験がほとんどなかったというのだ。

作田はこれにメスを入れることにした。冒頭に紹介した一四年九月二日のプライベートイベントで、こんな発言をしている。

「極端な例だが、海外の案件に、粗利がマイナスというようなものもある。事情があってそうなっているのだが、それにしても粗利益率がマイナスの製品をどうして作り続けるのか、私には、はなはだ疑問である。これからは、そうした商売はしない。すべて粗利益四五％以上というのは無理だが、ある粗利益率（＝ボーダーライン）以下の製品は作らない（売らない）」［★7］。

トヨタ自動車をはじめ自動車メーカーは毎年、コストダウンの要求を次々と突きつけてくる。それに「はい」といって応えるのか、それとも抵抗するのか。これまでは売り上げの確保を優先して「はい」と素直に応じてきたが、作田は、顧客とシビアに価格交渉することを現場社員に強く求めたのだ。

経済週刊誌はルネサスの社内の雰囲気をこう伝えた。

〈ルネサス社内では〝脱トヨタ〟が叫ばれるようになっているという。「そもそも業績悪化の元凶はトヨタだ。狙うのは、独ボッシュやコンチネンタルといった海外勢で、その先にフォルクスワーゲンがある」（ルネサス社員）〉［★8］

独ボッシュは自動車部品メーカーとして世界最大。独コンチネンタルは主力のタイヤをはじめ、ブレーキなど競争力のある自動車部品で業績を伸ばしている。

ルネサスは車載用マイコンでは高いシェアを持つが、その中身を調べてみると、主力顧客は日本の自動車メーカーである。日本では自動車向け半導体シェアの三二・二％を握るが、北米は八・

一%、欧州では七・一%にとどまる。世界市場を相手にしているといいながら、実態は内弁慶、そのものである。

顧客との(本気の)価格交渉宣言は、従来の自動車メーカーの下請けから脱し、グローバル企業へ変身するためのトップの覚悟の表れといっていい。だが、この脱トヨタを示唆する発言が墓穴を掘った。

ルネサスは二〇一五年六月の株主総会で、元日本オラクル社長の遠藤隆雄を会長兼CEOに迎え、作田は退任した。事実上の解任であった。王者・トヨタ自動車の虎の尾を踏んだため解任された、と社内外で取り沙汰されている。

石臼と呼ばれた男が自ら信じる道を全うするには、厳しい情況となった。志半ばで作田はルネサスを去ることになるが、「利益を上げることができない会社は株式会社とはいえない」、「大株主の利益のために企業は存在しているのではない」と、鋭く問題提起した作田の決意をルネサスの若手技術者やセールスマンがどう受け止めるかにかかっている。彼の蒔いた種は三年後には花開くかもしれないのだから、決して無駄死にしたわけではない。

作田は自身について「将来を見通しゲイン(利益)を最大限に引き上げるのが得意」と分析していたことは既に紹介したが、じつはそこに「リスクを見極めるのは苦手」とも付け加えていた。確かにこの弱点を突かれ、自動車メーカーに足を掬われた側面は認めざるを得ないだろう。

7

有終の美を飾れなかったプロ経営者・レジェンドの光と影

八城政基（新生銀行元会長兼社長）

【略歴】

一九二九年二月一四日、東京市（現・東京都）に生まれる。五〇年、第三高等学校卒、五四年、京都大学法学部卒。五八年、東京大学大学院博士課程（国際関係論）終了。同年、スタンダード・ヴァキューム・オイル（現・エッソ石油）日本支社入社。七四年、エッソ石油社長。八九年、シティコープ在日代表。二〇〇〇年三月、日本長期信用銀行（現・新生銀行）社長に就任。〇六年に取締役に退いたが、〇八年、会長兼社長に復帰。一〇年に退任。

★

八城政基は外国の企業においてもっとも成功した日本人の一人である。オイルメジャーのエッソ石油・エクソンと、国際金融資本であるシティバンクという、二つのグローバル企業で経営の中枢にいた。新生銀行のトップとしてもリテイル・バンキング（小口金融）でいったんは成功を収めたが、後継者難から再びトップに戻ることを請われ、最終的には巨額の赤字を出す事態に陥り、有終の美を飾ることができなかった。

過去三〇年間にわたって世界に冠たる石油会社に勤めた人物が銀行のトップに就くことなど、邦銀では異例のことだったが、八城は「会社のトップに立ってマネジメントする上で、業界の差は何もない」と言い切り、順調に滑り出した。しかし、天の時、地の利、人に恵まれず、とどのつまり、一敗地にまみれることとなった。

彼が目指したのは国境を越えたリーダーを育てることだったが、この志は実現しなかった。

新生銀行の社長に就任したのは偶然の出会いからだった。

〈平成一〇（一九九八）年九月。八城政基は、全日空のファーストクラス「1-A」シートに躰を沈め、ニューヨークから成田に向かう機中の人となっていた。

（中略）十四時間のフライトも残り一時間となった時、ふいに八城の隣の「1-C」に座る白人男性が話しかけてきた。親子ほども歳の離れたこの白人が、米国の投資ファンド、リップルウッド・ホールディングス代表のティモシー・コリンズだった〉[★1]

コリンズは八城をスカウトするつもり接触してきたのだろう。機中で、コリンズは「リップルウッドのパートナーになって下さい」と頼んだが、八城は「ノーサンキュー」と断った。

しかし、コリンズは諦めず、翌日、ホテルオークラの和食レストラン『山里』で会食する約束を取りつけた。それでも八城は今さら働く気になれず、手紙で正式に辞退した。ところがコリンズはまたも粘り、「三菱商事の槇原稔会長（当時）に会って下さい」と言ってきた。

〈槇原さんと会ったら、「八城さん、これは難しい仕事で、なかなか適任者がいない。八城さんならできるから、やってください」と直々に頼まれたので、引き受けることにした〉［★2］

リップルウッドのチェアマン（会長）となった八城は、コリンズから、「元ゴールドマン・サックスのパートナー（共同経営者）、クリストファー・フラワーズと組んで日本長期信用銀行の買収を進めている」と打ち明けられた。一九九八年一〇月二三日、金融再生法が施行された、まさにその日に長銀に適用され、特別公的管理（一時国有化）が決定した。戦後、壊滅的な打撃を受けた日本の基幹産業の復興のために長期資金を供給する目的で設立された、国策銀行の長銀が経営破綻した瞬間だ。

八城は一九九九年九月に「ニュー・ＬＴＣＢ・パートナーズ」の代表に就いた。ＬＴＣＢは長銀を買収するために設けられたファンドである。同年九月二八日、ＬＴＣＢが長銀を買収した。海外の金融機関から一〇億ドル（約一二〇〇億円）の資金を集めた。メロン・バンク（米）、ドイチェ・バンク（独）、アムロ（蘭）、ペイン・ウエーバー（米）、トラベラーズ（米）、ロスチャイルド（英）、リップルウッド（米）、GEキャピタル（米）などが出資した。

二〇〇〇年三月、買収した日本長期信用銀行の社長に就任。同年六月、長銀は新生銀行という新しい名前で再スタートを切った。

日本政府を手玉にとったハゲタカファンド

クリストファー・フラワーズのゴールドマン・サックス（GS）時代の海外投資家の人脈と、三菱商事会長の槇原稔の国内政財界人脈の合作で長銀の買収は実現した。

リップルウッドはティモシー・コリンズがクリストファー・フラワーズと組んで設立した投資ファンドだが、実態はGSの別働隊であった。日本政府のアドバイザーを務めたGSが長銀の売却先に推薦したのが、推薦する直前までGSの共同経営者であったフラワーズが作ったリップルウッドだった。リップルウッドの社外取締役には、GS出身でクリントン政権時代の財務長官、ロバート・ルービンがいた。彼等は買収ファンドを組成するのは、お手のものだった。

長銀の破綻処理で最も問題となったのは瑕疵《かし》担保条項だった。新生銀行が引き継いだ債権の価値が三年以内に二割以上下落したら、国に買い取り請求ができるという内容だ。不良債権を一掃でき、かつ貸倒引当金戻入益を計上できるメリットがあるため、新生銀行は同条項を積極的に活用した。

この結果、旧長銀をメインバンクとしていた企業が相次いで経営破綻に追い込まれた。この件については後で述べる。

長銀の破綻処理で、政府（金融再生委員会）のアドバイザーを務めたゴールドマン・サックスに対して「瑕疵担保条項の危険性を指摘する義務があったのではないのか」と与野党から強い批判が出た。GSは日本債券信用銀行（現あおぞら銀行）の売却に際しては、買い手側のソフトバンクのアドバイザーに就いたほか、長銀の子会社の日本リースの売却を仲介しており、利益相反との批判があったのは事実である。国会はアドバイザーのGSの担当者の参考人招致を決定したが、GSは出席を拒否した。

入念に張り巡らされた日米にまたがる政財界人脈を駆使して、フラワーズを中心とする国際投資家グループが長銀を手に入れた。長銀をわずか一〇億円で買収し、社名を変更した新生銀行の一二〇〇億円の増資に応じた。国民の血税が八兆円も投入された銀行を、たった一二一〇億円で手に入れたのである。

長銀買収の表舞台に立ったコリンズはスポークスマンとヘッドハンターの一人二役を演じた。ヘッドハンターのコリンズが白羽の矢を立てたのが、日米両国の金融に通じていたグローバル経営者の八城政基だった。

▼石油メジャー、エクソンの経営中枢に昇りつめる

八城のビジネスマンとしてのキャリアは、エッソ石油・エクソンで三〇年、シティバンクは一〇年を数える。振り出しは米国の石油会社スタンダード・ヴァキューム・オイル日本支社。東京大学大学院で国際関係論を専攻していたが、京都大学出身の八城には人脈がないため東大に学者として残るのは困難だった。さらに、二九歳の大学院生を新卒として雇う日本企業もなかった。門戸を開いてくれたのが、たまたま外資系だったということになる。

スタンダード・バキュームに入社した翌年、日本支社はエッソ石油とモービル石油に分割され、八城はエッソ石油の所属となった。幹部候補生として育てられ、三五歳で取締役、三七歳で代表取締役専務に昇進した。エクソンには能力ぎりぎりと思えるような難しいポジションを与えて、人材を大きく飛躍させるシステムがあった。

エッソ石油での実績が評価され、一九七一年、親会社エクソン本社のケン・ジェイミソン会長の特別補佐のポストに就いた。一九七三年、第一次石油ショックが勃発したとき、エクソンの最高幹部たちはメジャーを代表して、サウジアラビア、リビア、イランへと飛び、産油国のトップと交渉した。この時の暗号の報告が本部に刻々と送られてくる。八城はそれを分析し、会長のジェイミソンに直接、報告した。

〈会長特別補佐というのはエクソンの経営のほぼすべてが分かる立場です。求められない限り発言はできませんでしたが、常勤役員会（エグゼクティブ・コミッティ）にも出席しました。将来の幹部をそういう立場に置いて、実地訓練したのでしょうね。面白かった〉［★3］

アジア・太平洋地域を統括するエッソ・イースタンのトップの座を目の前にしたが、二つの壁が立ちふさがった。一つは国籍。エッソ・イースタンの社長になれば親会社、エクソンの役員にもなる。石油は米国にとって安全保障と密接に関連する戦略商品だ。当時、米国国籍を持っている以外の人が役員になることには（有形無形の）抵抗が強かった。エクソンはグリーンカード（米国政府が発行する永住許可証）の取得を勧めたが八城はこれを拒否した。

もう一つは、八城が販売畑の出身だったことだ。本流を歩いてきたと自負する石油開発部門出身の〝オイル・マン〟からすれば、八城は一介の「売り子」に過ぎなかった。

六年半に及ぶ米国での生活に見切りをつけて帰国し、日本法人のエッソ石油の社長に復帰した。そして、二年後の一九八八年末、エッソ石油の社長を辞め、翌八九年からシティバンク在日代表に華麗に転身した。

▼シティバンクの最高幹部に選ばれる

八城に声をかけたのはシティバンク会長のジョン・リードだった。シティバンクでも二年で、八城は世界各地域から選ばれる一五人の最高幹部（エグゼクティブ・バイス・プレジデント）の一人になり、有名な〝サバイバル作戦〟に参加する。

一九九一年、シティバンクは豪州、米国、英国、カナダなどの連鎖的な不動産価格の下落で一気に業績が悪化した。ジョン・リードは、一九九一年初頭から月一回、ニューヨークに一五人の最高幹部を集めて再建会議を開き、陣頭指揮でシティバンク全体のリストラの大ナタを振るった。その結果、わずか二年で不良債権を整理して黒字に転換した。

〈各地域での目標と達成度を毎月報告し、経営の成功例を持ち寄ってディスカッションしました。ぼくは、全体としてのタックスプランニング（税金対策）について、石油メジャーの実例を説明して、改善策を提案しました〉［★4］

八城が入社して八年後、シティバンクの在日支店は、ほぼ一〇倍の規模になった。九七年一〇月、非常勤のシティコープ・ジャパンの会長に退いた八城は藍綬褒章を受け、ロンドンと東京都心の一等地に邸宅を構えた。名誉と財産の両方を得た八城は、ビジネスマンとして、もはややり残した仕事はなかったはずだ。だが、大学院の教授になるほど枯れてはいなかった。

コリンズから誘われた時、血が燃えたぎったに違いない。新生銀行の再建を引き受けた。

▼▼▼瑕疵担保条項で猛烈なバッシングを受ける

新生銀行の社長に就任して、わずか一カ月後、八城は早くも返り血を浴びた。百貨店・そごうの再建計画に、首を横に振った（同意しなかった）からだ。

〈担当者が「そごうが債権放棄をしてくれと言ってきました」という。額は一〇〇〇億円。債権放棄に応じたら、ほぼ同額の貸倒引当金を積まねばならず、初年度から赤字になってしまう。だから、断りなさいと指示しました。そのときは、まさか（これほどの）批判を浴びると思ってもいませんでした〉[★5]

このときから、猛烈な八城バッシングが始まる。長銀の破綻処理で悪名を轟かせたのが「瑕疵担保条項」である。三年以内に二割以上下落したからと言って、国に買い取り請求を行い、新生銀行は、積極的に瑕疵担保条項を行使した。その結果、そごう、ライフ、第一ホテル、マイカル、エルカクエイ、ファースト・クレジットといった長銀をメインバンクにしていた企業が相次いで経営破綻に追い込まれ、八城は社会的に非難を浴びることになった。

リップルウッドは屍肉をむさぼる〝ハゲタカファンド〟の代名詞となり、八城はハゲタカの手先との烙印を捺された。

長銀は法人向けの営業が中心であったが、八城は貸出金利に依存しない方針を打ち出した。普通銀行に転換した上で、社債など債券の引き受けや企業のM&A（合併・買収）の仲介で手数料を稼ぐ投資銀行業務とリテール（個人向け）に大きく経営の舵を切ったことにより、邦銀としては群を抜く財務の健全性を誇った。今度は「破綻した銀行が、米国式経営手法で見事、再生した」と、賞賛に変わった。だか、世の中の見方は、正鵠を得たものではなかった。

新生銀行が瑕疵担保条項の期限までに国に買い取らせた債権は実に、三三一件、総額八五三〇億円にのぼった。八城は全身に血を浴びて真っ赤に染まったが、これで新生銀行は不良債権を一掃でき、ピカピカの財務内容を誇る銀行に生まれ変わったのである。米国式の経営手法とは無関係だった。

新生銀行再上場の舞台裏

二〇〇四年二月二〇日、新生銀行は買収から四年で東京証券取引所一部に再上場を果たした。慎重論が渦巻く中での強行突破だった。新生銀行に出資している国際金融シンジケートの圧力に屈した日本政府と東証が上場を認めたというのが真相である[★6]。

長銀の融資先であるリゾート開発会社、イ・アイ・イ・インターナショナルが長銀を不法行為で訴え、サイパンの裁判所で争われていた。二〇一四年一月にイ・アイ・イの管財人が不法行為を裏付ける文書を見つけた。旧長銀の不正行為がすべて認定されれば、長銀の受け皿になった新生銀行が巨額の損害賠償金を払う破目に陥る。損害賠償額は五〇〇〇億円とも七〇〇〇億円ともいわれた。敗訴が確定すれば新生銀行が再度、破綻するのは目に見えていた。そうなる前に、国際金融シンジケートは新生銀行を強引に上場させて、投下資金の回収を図ったのだ。

イ・アイ・イの管財人と新生銀行の和解交渉の影の主役は日米両政府だった。和解が成立したのは、新生銀行が上場した三カ月後の二〇〇四年五月二三日。新生銀行が二一八億円をイ・アイ・イの管財人に支払うことで合意した。五〇〇〇億円とも七〇〇〇億円ともいわれた損害賠償額に比べて、和解した金額はあまりにも少なかった。日本政府の意向で着地点が低くなったと取り沙汰された。八兆円の税金を投入した新生銀行を再度破綻させるわけにはいかなかったからである。

巨額の利益を得た国際投資家グループ

ＧＳ人脈の海外投資家グループにとって長銀は、またとないおいしい獲物だった。新生銀行の上場に伴い、投資家グループは、持ち株の一部を売却して二三〇〇億円の現金を回収した。出資金は含めた諸費用は一二一〇億円だったから、一〇〇〇億円以上の利益を得た計算になる。その上、約一兆円の含み益をキープした。彼らは、上場一年後までに、新生銀行の株式を全てきれいに売却した。

長銀買収の受け皿となった投資組合LTCBは登記上の本社をオランダに置いていたため、日本では株式上場に伴う利益（キャピタルゲイン）に、まったく課税されなかった。濡れ手で粟のボロ儲けだった。

国際的なM&A業界で、長銀のM&A（合併・買収）は大成功した実例の一つに数えられている。マネーゲームにウブな日本政府を手玉に取ってハゲタカファンドが大金をせしめたわけだ。

長銀買収の立役者の一人、ティモシー・コリンズは保有株を売却して、新生銀行を去った。クリストファー・フラワーズは発足当初から新生銀行の社外取締役となり、役員人事や報酬を決める委員会を牛耳り、陰で経営をコントロールしてきた。新生銀行の実態はクリストファー・フラワーズの銀行だったのである。

八城は投資家の期待に応えて新生銀行の再上場を果たし、役目を終え、引退するはずだった。

▼▼▼バンカー人生の有終の美を飾れなかった

二〇〇八年一一月一二日、八城は新生銀行の会長兼社長に戻ってきた。二〇〇五年に社長の座をティエリー・ポルテに譲り、〇六年には旧三和銀行(現・三菱東京UFJ銀行)出身の杉山淳二を後任会長にして、シニア・アドバイザーとなっていた。ところが、〇八年六月に非常勤の会長に復帰。さらに社長に再登板することになった。

新生銀行の大株主であるクリストファー・フラワーズは、ハーバード大学の同窓ということだけでポルテを社長に据えたが、所詮、トップの器ではなかった。新生銀行は二〇〇八年九月中間決算で一九二億円の最終赤字に転落した。買収した消費者金融、アプラスとシンキで、過払い金訴訟に対する多額の引当金を積むことを余儀なくされたことに加え、破綻した米大手投資銀行、リーマン・ブラザーズ関連の融資や欧州向け投資で損失が膨らんだのが赤字転落の理由だ。ポルテは社長を辞任した。任期途中でその座を放り出したため敵前逃亡と騒がれた。

フラワーズは八城以外に頼れるカードを持っていなかった。だから、七九歳の八城を引っ張り出した。八城は社外取締役を務めている中国建設銀行との資本提携をテコに、中国建設銀行に売却することを考えたが、実現しなかった。新生銀行の公的資金の残高は二一六八億円。八兆円の税金を投入し、いまなお半官半民の新生銀行を、中国の国営銀行に売却するなどというスキームを金融庁が認めるはずがなかった。

結局、八城は二〇一〇年三月期に一四〇一億円の巨額赤字を計上して引責辞任に追い込まれた。二〇一〇年五月一四日の退任会見で八城は「投資銀行業に傾斜し過ぎたのは経営上のミステイク」といった趣旨の弁を述べた。八城は巨額の損失を出したにもかかわらず複数の外国人役員に一億円以上の報酬を支払うなど、経営トップとしてのガバナンスの欠如を厳しく指摘された。八城はバンカー人生の有終の美を飾ることができなかった。

▼▼▼国境を越えてリーダーを育て、登用せよ

八城は「プロ経営者」の光と影を体現した人物といえよう。はじめにも述べたように三〇年にわたって石油会社に務めたキャリアの持ち主が銀行のトップに就くことなど、金融界では異例といってよかった。

八城は「日本企業の最大の欠陥は経営者をチェックするシステムがないことだ」と述べ、新生銀行に社外取締役を導入した。CEOになっていた自分の出処進退を含めて、社外取締役に人事を委ねた。

社外取締役を入れて、外部の目で銀行の経営をチェックするというのは、まさに英断だったが、八城が考えたようには機能しなかった。ここに八城の悲劇がある。経営は直線の一〇〇メートル競

争ではない。円型のグラウンドを走るうちに、トップが、どん尻に見えるような目の錯覚が起こることが、よくある。

グローバルな経営に精通していた八城が、バンカーとしての登場するのは、早すぎたのかもしれない。

朝日新聞「証言そのとき」（二〇一三年一〇月二八日付朝刊）で「国境を越えたリーダー（作り）」を提言している。

〈これまでの経験からいえば、国籍にこだわる企業は、成長を続けることが難しい。かつていたシティバンクでは、約二〇年前でも、幹部の六割近くは米国以外から登用していました。私が『外資流』で育てられたように、日本企業は進出先の海外で、国境を越えてリーダーを育て、どんどん登用するべきです。それが世界市場で活躍する、グローバル企業へ脱皮する近道なのです〉［★7］

この発言に、元祖「プロ経営者」の生きた体験が凝縮されている。

8

上場廃止のショック療法を敢えて勧める再生請負人

水留浩一（あきんどスシロー代表取締役社長）

【略歴】

一九六八年一月二六日生まれ。神奈川県出身。東京大学理学部を卒業、九一年四月電通入社。九六年二月アンダーセンコンサルティング入社。この間、米ノースウエスタン大学ケロッグ経営大学院エグゼクティブMBAを取得。二〇〇〇年四月ローランド・ベルガー（日本法人）入社。〇五年一月同社代表取締役。〇九年一〇月企業再生支援機構常務取締役。一〇年一月日本航空管財人代理、同年一二月日本航空取締役副社長。一二年七月ワールド常務執行役員。一三年六月同社専務執行役員。一五年二月あきんどスシロー社長。

★

これまで紹介してきたプロ経営者とは、まったく別のタイプである。世間では無名だが、今後、脚光を浴びる一人といっても間違いあるまい。

二〇一五年二月一日、回転すしチェーンの最大手、あきんどスシロー（大阪府吹田市、非上場）の社長に日本航空元副社長の水留浩一《みずとめこういち》が就任した。水留は外資系コンサルティング会社で企業再生の経験を積み、経営破綻した日航の管財人代理として更生計画を策定したことで、プロの間では知られている。
叩き上げのすし職人だった前社長とは異なり、外食の経験のない、新しいタイプのプロ経営者が登場した。

「回らないすし店」第一号店を開業

「新しいことを仕掛け、飛躍に向けて成長させていきたい」

二〇一五年一月一五日、東京都内で開いた社長交代会見で水留浩一は、こう、抱負を語った。

新しいタイプの企業再生のプロは、社長就任に合わせて東京・中目黒の駅前通りに、すし店「ツマミグイ」を開業した。同店には、すし皿が回る回転レーンがない。客はタッチパネルで注文し、店員がテーブルまで運ぶ。

「回らない（回転）すし店」は賃料が高い都心部で店舗を増やすための戦術だ。郊外店は一皿二貫で税別一〇〇円が主力の価格帯だが、ツマミグイは一皿一貫で同五〇〇円のメニューもある。数千円するボトルワインも出す。客単価は郊外店の四倍の、一人当たり四〇〇〇円を見込んでいる。七月には都内三店舗目が開店する。

回転すしは薄利多売が売りだ。売上高に占める原材料費が四〇～五〇％と、一般的な外食店チェーンより二〇ポイント前後高い。すし皿が回る回転レーンを設置するにはそれなりのスペースが必要で、賃料負担が大きいという構造的な問題を抱えている。スシローは日本で三八三店、韓国で七店、計三九〇店を運営しているが、大半は郊外の店舗で、JR山手線の内側には一店もない。

都心を開拓するために「回らないすし店」の「ツマミグイ」を開店した。おしゃれな店づくりで女性客やカップルをターゲットにしている。こうなると、もはや、一〇〇円均一料金の回転すしとは別物だ。

目下、スシローの業績は好調だ。未上場企業のため財務諸表の開示はないが、決算公告によれば二〇一四年九月期の売上高は前期比六％増の一二五九億円。二ケタの増収が続いた、かつての勢いは鈍ったが、それでも売上高は過去最高を更新し続けている。

スシローはなぜこのタイミングで社長交代に踏み切ったのか。

スシローには、創業家のお家騒動に端を発するＭ＆Ａ（合併・買収）の苦い歴史がある。

▼▼▼兄弟喧嘩に乗じてゼンショーが乗っ取りに動く

スシローは清水義雄・元社長と清水豊・元会長の兄弟が一九七五年に大阪市阿倍野区でカウンターだけの立ち食いすし屋「鯛すし」を創業したのが始まりだ。

二人は一九八四年と八八年、同名の回転すしチェーン「すし太郎」を別々に起業した。

一九九九年八月に兄の義雄が弟の豊の事業を吸収合併して「あきんどスシロー」に商号変更した。

兄が社長、弟が会長に就き、実権は兄の社長が握った。兄が主導する合併に、弟が大いに不満だったことが、兄弟喧嘩の火種になったといわれている。

二〇〇七年三月二二日、お家騒動が勃発する。牛丼チェーン「すき家」を運営するゼンショーが、突如、発行済み株式の二七・二%を保有する筆頭株主として登場した。ゼンショーが取得したのは弟の豊とその家族が保有していた株式だ。経営陣には青天の霹靂だった。豊側から事前に話がまったくなかった上に、株式を取得したのがゼンショーだったことから衝撃が走った。ゼンショーは、その二週間前の三月八日、当時、業界首位だった「かっぱ寿司」を運営するカッパ・クリエイトの三一・二%の株式を取得したばかりだった。ゼンショーは、回転すしの業界一位と二位の筆頭株主になったわけだ。

ゼンショーの小川賢太郎社長は、東大全共闘の闘士として安田講堂の攻防戦を戦った異色の経歴をもつ。牛丼チェーンで急成長してきた小川は、二〇〇〇年代に入り、牛丼以外の外食チェーンを次々と買収していった。

回転すしに触手を延ばしたのは二〇〇七年。資本の力で、かっぱ寿司とスシローを傘下に収め、回転すしで圧倒的なシェアを持つ巨大チェーンを作る腹積もりだった。ゼンショーは自社でも、同業の「はま寿司」を手がけていた。

ホワイトナイトとして登場したユニゾン・キャピタル

〈「ゼンショーの大連合構想にのみ込まれる」〉。豊崎賢一（当時、取締役営業部長）は危機感を抱き、社長の矢三圭史、非常勤取締役の清水義雄（ともに当時）と一緒に、証券会社経由でホワイトナイトを探した〉［★1］

豊崎は創業者の清水義雄がつくった立ち食いすし店、鯛すしに就職して以来、義雄と行動を共にしてきた叩き上げのすし職人だ。

ゼンショーが筆頭株主として登場してから五カ月。やっと敵対的買収を撃退するホワイトナイト（白馬の騎士）が見つかった。

スシローは八月二七日、反撃に転じる。投資ファンド、ユニゾン・キャピタルと水産大手の極洋と業務・資本提携を締結した。ユニゾンが設立した二つのファンドに第三者割り当て増資を実施。ユニゾングループは一七・二八％の株式を握る大株主となった。ゼンショーは買い増しで対抗したが、結局、持ち株比率は二五・七％に低下した。

ユニゾンによるゼンショー撃退作戦は、ＭＢＯ（経営陣が参加する自社買収）によるスシローの株式の非公開化だった。

〇八年九月二五日、ユニゾングループの二つのファンドが出資して設立したエースホールディングスが、スシローの公開買い付け（TOB）を実施。TOB価格は一株三二五〇円。エースHDはスシローの発行済み株式の六四・〇八％を取得した。

二〇〇九年四月一日、東証二部に上場していたスシローは上場廃止となった。五月三一日、エースHDはあきんどスシローを吸収合併した上で、新・あきんどスシローに商号を変更した。

二五・七％を保有し、筆頭株主だったゼンショーは、TOBには申し込まず、TOB成立後に行われた株式交換時に、TOB価格と同額（一株三二五〇円）の金銭交付を受け、スシローから撤退した。スシローは助っ人、ユニゾンの手を借りてゼンショーを追い払ったのである。

スシローを巡るユニゾンとゼンショーの攻防戦は、双方の陣営に大手法律事務所のM&A担当の大物弁護士がつき、法曹界を呆れさせるほど激しいものとなった。

▼▼▼メディア戦略で日本一、売上高一〇〇〇億円を達成

日本の投資ファンド御三家の一角であるユニゾンは、投資先に高額配当や経営者の退陣を迫る米国のアクティビスト・ファンド（物言う株主）とは一線を画してきた。敵対的買収は行わず、スシローでも経営陣を味方につけた。新社長には、ゼンショー撃退の先頭に立った取締役営業部長の豊崎賢一を起用した。

二〇〇九年からは、叩き上げの豊崎社長とユニゾンから送り込まれた加藤智治専務執行役員が二人三脚で経営を担ってきた。現場出身の豊崎が「うまいすしを腹いっぱい」という職人魂を語れば、加藤は理路整然と経営戦略を説明した。

加藤はドイツ証券やマッキンゼー&アンドカンパニーを経て、二〇〇七年にユニゾン・キャピタルに転職。スシローに経営企画担当として送り込まれた。

加藤はメディアに長けていた。〈PR会社を積極的に活用し、牛丼の低価格戦争と対比させるかたちで、（わかりやすく）「回転すし戦争」（の実態）をテレビや雑誌に売り込んだ〉[★2]

テレビへの露出効果は絶大だった。二〇一一年に「かっぱ寿司」を抜き去り、スシローは回転すし業界の首位に立った。二〇一二年九月期決算の売上高は一一一三億円。一店舗当たりの売上高は年間三・三億円と、同業の一・三〜二倍の水準をキープした。

ユニゾンが掲げた「日本一、売上高一〇〇〇億円」という目標はあっさりと達成された。加藤智治が、その立役者だった。

スシロー売却で巨額なリターンを得たユニゾン

ファンドが投資を回収する方法は三つある。再上場するか、事業会社に株式を売却するか、別のファンドに売却するかである。

ユニゾンはリターンが最も大きい、別のファンドへの転売を選択した。

二〇一二年九月二八日、スシローは英国企業の傘下に入った。ユニゾンは保有していた全株式（八一％）を英ペルミラ系列の投資ファンド、コンシューマー・エクイティ・インベストメント・リミテッドに譲り渡した。譲渡価格は約一〇億ドル（当時の為替レートで七八六億円）。ユニゾンがどれくらい儲かったか、ザッと計算してみよう。

第三者割り当て増資の引き受け分が四八億円、TOBによる買い付けが一四三億円、ゼンショーへの金銭交付が五四億円で合計二四五億円。これに対してペルミラへの譲渡価格は七八六億円。差し引き五四一億円の売却益を得た計算になる。ユニゾンはホワイトナイトとして破格の報酬を得たことになる。

ペルミラの傘下に入り、伸び率が鈍化

ペルミラへの転売に伴い、ユニゾンから出向していた経営陣は転籍した加藤智治を除き、全員がスシローを去った。ペルミラは豊崎社長と加藤専務のツートップを続投させた。経営陣を全員入れ替えることによって、絶好調の業績が落ちることを懸念したのだ。

ペルミラの傘下に入ってからのスシローは、情報開示に消極的になった。メディア戦略が加藤の最大の武器だったが、その持ち味が発揮する場面がなくなったことから、加藤は二〇一四年二月末

でスシローを退社した。

大金を出してスシローを買ったペルミラが、スシローの再上場で、投下資金を、一気に回収しようとしていたことは間違いない。「二〇二〇年に売上高二〇〇〇億円」という、強気の成長戦略を掲げたのもそのためだ。

ところが、大株主がペルミラに代わってから、スシローの成長は鈍化した。それまで売り上げは二ケタ増の成長を続けていたが、二〇一三年九月期は七％増、一四年同期は六％増と伸び率は一ケタとなった。二〇年に売り上げ二〇〇〇億円を達成するには、年率八％の成長を維持することが絶対条件だった。

そこで、現場叩き上げの豊崎社長に代わるプロ経営者として水留浩一に白羽の矢が立った。

四二歳で日本航空副社長。「水留、WHO？」

水留浩一は東京大学理学部卒業。学生時代に旅行添乗員のアルバイトに精を出した。毎回、四〇人近くが参加するツアーだったが、参加者の顔と名前をすぐに暗記した。進んでマイクを握っては歌い、女性客の手を取ってダンスに誘い、率先してツアーを盛り上げた。

卒業後、電通で勤務した後、アンダーセンコンサルティング（現・アクセンチュア）を経て、欧州を代表するコンサル会社、ローランド・ベルカー日本法人に入社した。ローランド・ベルカーは企業・事業再生を専門とするグループで、数多くの再生案件を手がけた実績を持つ。

二〇〇九年には官製ファンドの企業再生支援機構（現・地域経済活性化支援機構）の常務に就き、翌一〇年には会社更生法で再生中の日本航空（ＪＡＬ）の副社長に就任した。その後、アパレルのワールドの専務執行役員などを経て、二〇一五年一月にスシローの顧問になっていた。

水留の名前が経済界で知られるようになったのは日本航空の副社長に就いてからだ。二〇一〇年一二月一五日、会社更生手続き中の日本航空は経営体制を見直した。京セラ名誉会長の稲盛和夫会長のもと、管財人である企業再生支援機構と京セラが支える体制を鮮明にした。新たに会長を支える会長補佐のポストを設け、支援機構専務の中村彰利を迎え、副社長には同常務の水留浩一と、京セラコミュニケーションシステム会長で管財人代理の森田直行がそれぞれ就任した。

ときに水留四二歳。「水留、ＷＨＯ？」という声があがった。

▼▼▼日本航空で人員整理を仕切る

政権交代した民主党政権が緊急課題として取り組んだＪＡＬの再建問題は迷走した。前原誠司国土交通相（当時）は二〇〇九年九月、冨山和彦ら元産業再生機構のメンバーで構成されるＪＡＬ再生タスクフォースを設置し、政治主導でＪＡＬの再生計画を策定することに奔走した。だが、債権放棄を巡って銀行団の強い反発を招き、再生タスクフォースは解散に追い込まれた。

結局、日本航空の再建問題は支援機構に引き継がれた。支援機構でＪＡＬの支援を決断したのは弁護士の瀬戸英雄（企業再生委員会委員長）だった。瀬戸は再建の決め手は「法的整理に踏み込んだこと」と振り返る。

〈政治家の影がちらつく地方の不採算路線と強硬な労働組合。瀬戸は、この2つのくびきから解き放つには会社更生法しかないと判断した〉［★3］

会社更生法の最大の特徴は裁判所が選任した管財人しか再建業務に携われない点だ。倒産させた当事者である経営陣は再建にタッチできない。

二〇一〇年一月一九日、日本航空は東京地裁に会社更生法を申請した。管財人には企業再生支援機構が就いた。管財人代理として更生計画を策定したのが支援機構の常務だった水留である。

支援機構が作成した日本航空の再生計画案は株主、債権者、従業員に犠牲を強いる外科手術だった。

一〇〇％減資し、株券は紙屑になった。支援機構が三五〇〇億円の公的資金を注入。日航を子会社にした。金融機関には五二〇〇億円の債権放棄を求めた。借金の棒引きである。一万六〇〇〇人の従業員を削減し、企業年金の三～五割カットや不採算路線からの撤退を強行した。九年間にわたり四〇〇〇億円の法人税を減免するという内容も盛り込まれた。

更生計画を実行すべく、水留は副社長に就任した。法的整理という劇薬を使っただけに副作用は強烈だった。債権放棄を迫られた銀行団は、再上場した時点で日航の株式を再び取得するよう求める水留ら支援機構の要請をきっぱりと断った。免税措置は、公的な支援を受けていない全日本空輸との公正な競争を阻害するということで、全日空を傘下にもつＡＮＡホールディングスや自民党の運輸族が猛反発した。首切り反対の労働争議や法廷闘争も起きた。

会長だった稲盛の下、水留は人員整理を仕切った。副社長に就任して早々、パイロットと客室乗務員一四六人が、整理解雇は不当として、東京地裁に提訴した。

〈（給与は）客室乗務員でも一〇〇〇万円を下らず、機長のなかには五〇〇〇万円を上回る者もいた。産業界の常識を超える破格の厚遇に、再建に乗り込んだ企業再生支援機構のメンバーは「過去の再建案件とは（給与の数字が）一ケタ違う」と、深いため息を漏らした〉［★4］

整理解雇では退職金が割り増しとなる例はほとんどない。割り増し分を払う余裕がないほど困窮していることが多いからだ。だが、ＪＡＬでは整理解雇の対象者についても、早期退職募集と同等の割り増し退職金を提示した。

整理解雇は「御用組合」のメンバー以外を狙い撃ちにした「（管財人の）企業再生支援機構による不当労働行為」と批判され、副社長の水留は国会に喚問された。整理解雇について、会長の稲盛との認識の違いを水留は共産党議員に追及され、寄合世帯の意思の不統一ぶりを曝け出す結果となった。

二〇一二年九月、日航は再上場を果たした。三五〇〇億円を出資した支援機構は保有株の売却で三〇〇〇億円の利益を上げたのに高揚感はなかった。

一二年二月の臨時株主総会で経営陣が一新された。新社長にパイロット出身の植木義晴が就任。京セラから招いた稲盛和夫会長は名誉会長に退いた。支援機構が派遣した三人の役員のうち、中村彰利・会長補佐、水留浩一・副社長は退任し、社外取締役の瀬戸英雄だけが残った。株式の再上場に向け、日航の生え抜きを中心とした新体制に移行したのである。

新しい体制について、稲盛が「（まだ）早いかもしれない」と語ったように、関係者はJALの早期の再上場には慎重だった。水留ら支援機構の幹部は「機構という監視役がいなくなれば、JALは先祖返りする」とみなしていた。機構というお目付け役がいなくなれば、元の放埓な経営に戻るのではないか、と懸念していた。水留はJALが再上場を急ぐことに反対だったようだ。

そのため、JAL再生機構のような新しい組織を設け、支援機構が保有する株式、三五〇〇億円分を新しい組織に転売する案が練られていた。

だが、民主党政権はＪＡＬを再生させたという実績が早く欲しかった。政治的判断で、ＪＡＬは再上場に踏み切った。リターンが大きかったという意味では、表面上成功を収めたが、水留の実績（？）は首切りだけで企業価値を高める施策を何ひとつ取れなかった無念さが残った。水留は日航副社長を退任した二カ月後の四月、支援機構の常務も退いた。

MBOは日本的起業のモデルになる

水留はただのコンサル出身の経営者ではない。普通のコンサルタントは、いかに早く上場するかを手ほどきするものだが、水留は違う。企業価値の向上に向けて、株式を公開している会社には上場廃止を提案する。言うなればショック療法である。水留がコンサルタント会社、ローランド・ベルガーの日本代表時代に書いた論文のタイトルは、「戦略的上場廃止」である。この中で水留は非上場企業になることのメリットを説いている。

〈非上場企業は上場企業と比較し経営資源活用の自由度が高く、本質的な企業価値向上に向けた中長期的な投資がやりやすくする。一円も配当せずに、すべての原資を同業他社のＭ＆Ａ（企業の合併・買収）や中国など成長市場に向けた戦略投資、先行的な研究開発に回すことが可能になる。リストラ局面であれば減損処理など必要な損失計上を大胆に実行でき、早期に財務体質

を改善することが、市場を意識することなくできる〉[★5]

大企業が事業の「選択と集中」を加速する中で、選択されなかった事業部門や関係会社を自立、発展させる手法として、水留はMBOを提唱しているのである。

「経営陣、社員が危機意識を持って既存事業に取り組むMBOは、ベンチャーを立ち上げるより成功の確率は高い」。水留は、MBOを日本向けの起業モデルと位置づけている。

日航の副社長を務めた後、MBOの成功モデルとされていたワールドの取締役になったのは持論を実践するためだった。

スシローもMBOで上場廃止になった企業である。株主や株価に振り回されることなく、企業価値を高めることができる環境にある。水留がスシローの経営を引き受けた理由が、ズバリこれだ。

今、水留は三つの成長戦略を立てている。一つは回転すし店の拡大。ここ数年、年間二〇店程度だった出店を四〇店に増やす。二つ目は新業態を都市部で展開すること。冒頭にあげた「ツマミグイ」がこれに当たる。三つ目が海外展開。現在は、韓国の三店にとどまるが、米国や欧州での出店を視野に入れ、海外の売り上げ比率を二、三年後に一割、中長期には三割に引き上げる。

水留浩一は外部から招聘された再生のプロである。しかも、新しいタイプの仕事請負人だ。業績が落ち込んだ企業に招かれて、V字再生を果たす辣腕家を一般にプロ経営者というが、水留はこの範疇には当てはまらない。

前経営陣はスシローを日本一に押し上げた。業績は拡大中だった。うまくいっている会社を引き受けて、さらに成長軌道に乗せることは、企業再生よりはるかに難しい。プロ経営者たちが最も得意とする抜本的改革が行えないからだ。

あきんどスシローは出店のスピードを上げる。年間二〇～二五店ペースで出店してきたが、二〇一五年度は郊外の大型店を中心に三五～四〇店を出す。将来、現在より五割多い六〇〇店体制を目指す。

拡大に備え、新卒や中途の採用を増やしており、出店の速度を上げる。

「売り上げの二ケタの伸びは当たり前」。こうした状況でスシローの社長に就いた水留浩一は、どんな戦略をもって、さらなる高みに駆け上がろうとしているのだろうか。新しいタイプのプロ経営者の真価が問われることになる。

第Ⅱ部

戦前は「プロ経営者」の時代だった

1 はじめに

渋沢栄一は明治六(一八七三)年六月、第一国立銀行を設立した。国立銀行は有限責任制を明記し、株式の売買譲渡を認め、取締役会・株主総会の規定を設けるなど株式会社の形式を整えていた。

幕末に徳川昭武の留学に随行して渡仏した渋沢が最も感銘したのは会社制度だった。帰国した渋沢は会社制度の導入に生涯を賭けた。五〇〇社もの会社を設立した渋沢は〝日本の資本主義の父〟と呼ばれた。

渋沢栄一が口火を切り、鉄道・紡績・銀行・保険・電灯(現在の電力会社)など、西洋から移植した、新しい産業の分野で、有力な株式会社が、次々と生まれていった。

多数の株主から出資を集めるため社会的に信用のある人物を取締役として揃えた。彼等は複数の会社の兼任重役となった、非常勤だった上に、特定の業務の専門知識はなかった。

そのため経営政策の立案や会社の管理など一切合切は「支配人」や「技師長」などに委任され、それらの人たちが実質的なトップ・マネジメントの役割を果たした。

江戸期以来の「番頭経営」の伝統がこうした経営形態を容易にした。しかし、江戸時代の主従関係が色濃く残されていたから、彼等独立した経営者とはいえなかった。

宮本又郎大阪大学教授によると、〈プロフェッショナルな経営者が登場するのは日露戦争(明治三七〜三八年)の後だ。工業化が進展するにつれて、経営や技術の専門的知識をもった人材が経営者に登用されるようになった。こうした専門家は外部から招かれた。大学卒など高学歴者が多数派を占め、技術者が多かったことが、この頃の特徴だ。〉[★1]

「経営者革命」は工業化とともに始まったといえる。

新規採用された後、その会社にずっと勤務して、内部昇格していくボトムアップの人材育成策が後々、取られるようになるが、資本主義の草創期は外部からの移籍組が大半だった。

戦前、日本の基幹産業だった紡績業のトップ・マネジメントは、外部から送り込まれた専門知識の豊富な経営者たちが担った。

本書では、外部から招かれた専門知識を持つ経営者を「プロ経営者」と定義する。

明治後期の資本主義の黎明期から、太平洋戦争敗戦の昭和二〇年までの四〇年余りは「プロ経営者」の時代だったといえる。

「プロ経営者」の生みの親、中上川彦次郎

戦前の日本経済は財閥が支配した。「財閥とは、富豪の家族・同族の封鎖的な所有の下に成り立つ多角的な事業体で、その多角化された事業分野はそれぞれかなりのビッグ・ビジネスである」[★2]と定義付けられている。

財閥は傘下に収めた大企業を経営するために、専門の知識を持った経営者を必要とした。こうした大企業に送り込まれたのが「プロ経営者」たちだった。

三井財閥のケースで見てみよう。

「プロ経営者」の生みの親は中上川彦次郎《なかみがわひこじろう》である。現在の大分県、豊前中津藩士の家に生まれ、福沢諭吉の甥にあたる。叔父の慶應義塾で学び、福沢に費用を出してもらって三年間、英国に留学。ロンドンで知り合った工部卿・井上馨に誘われて工部省に入った。井上が外務卿になると外務省に移り、交信局長になるが、「明治一四年の政変」で政府を追われ、下野した。福沢諭吉とともに『時事新報』を創刊し、社長に就任した。その後、福沢門下の先輩で、三菱の荘田平五郎《しょうだへいごろう》の誘いで、三菱が出資する山陽鉄道の社長に転じた。

明治一四年の政変とは、一八八一年に参議大隈重信と彼のグループが政府から追放された事件だ。一八八〇年、民権派の国会開設請願運動は頂点に達し、政府は憲法の制定と国会開設を決意した。大隈は即時開設、伊藤博文、井上馨は漸進的に開設する意見だったため対立した。八一年に北海道開拓使官有物払下げ事件が起こり、民権派の政府攻撃が激しさを増した。反大隈派は、これを大隈が福沢諭吉らと結託して行った反政府の陰謀であるとして、大隈とその一派を罷免した。これにより、伊藤・井上を中心とする薩長藩閥政権が確立する。

政府の主流派の伊藤ら薩長閥と反主流派の大隈、板垣退助、後藤象二郎ら土肥閥の政治的対立であった。福沢は反主流派と結んで政府を批判しようとしたため、政府を追われた。

その中上川を三井にスカウトしたのが井上馨である。

西郷隆盛から「三井の番頭」と揶揄《やゆ》されるほど三井家とのつながりが深かった井上は、人を見出す才能があった。三井銀行が政治家などの融資で抱え込んだ不良債権の処理を支援してきた井上馨は、その能力を買っていた中上川を山陽鉄道から引き抜き、彼に三井銀行の再建を託した。

中上川は明治二四（一八九一）年に三七歳で三井銀行理事に就任し、全権を掌握。三井改革に辣腕を振るう。

中上川は、政府の御用商人だった三井の企業形態を工業中心へと大転換を図った。銀行を投資の窓口に変え、鐘淵紡績、芝浦製作所、富岡製糸場、王子製紙を次々と傘下に収めた。

しかし、工業部門は不振を極め、三井家から中上川批判が起こった。後ろ盾となっていた井上も中上川の急進的な工業化路線に不満を募らせていたため、中上川は急速に発言力を失っていった。明治三四（一九〇一）年、失脚同然の境遇の中、四七歳の若さで世を去った。

中上川は三井を政商から近代的財閥に脱皮させようとしたが挫折した。中上川の死後、三井は工業化路線からの修正を図った。そのため、三井財閥は日露戦争後の日本の工業化の流れから、大きく遅れることになる。

▼▼▼ 歴史に名を残した元祖「プロ経営者」の面々

工業化路線は志半ばで挫折したが、中上川の最大の功績は、外部から若い人材を積極的に登用して、子飼いの奉公人中心の経営体制を刷新したことだ。明治二四年から明治二九（一八九六）年までに彼が採用した二〇人のうち一九人が福沢門下の慶應義塾の出身者であった。彼等を大企業に送り込み再建にあたらせた。

このとき採用された人々を列挙してみよう。

王子製紙や芝浦製作所など三井系のほとんどの企業の再建に派遣された朝吹英二《あさぶきえいじ》、藤山コンツェルンを築いた東洋の砂糖王、大日本精糖の藤山雷太《ふじやまらいた》、富士紡績の和田豊治《わだとよじ》、鐘紡王国の武藤山治《むとうさんじ》、瀬死の王子製紙を日本一の大会社に蘇らせた製紙王の藤原銀次郎《ふじわらぎんじろう》、近代百貨店の祖である三越百貨店の日比翁助《ひびおうすけ》。

三井財閥の総帥となる三井合名の池田成彬《いけだしげあき》、阪急・東宝の創業者の小林一三《こばやしいちぞう》、小林一三の事業活動を全面的にバックアップすることになる平賀敏《ひらがさとし》もそうである。

いずれも明治後期から大正・昭和初期にかけて華々しく活躍することになる大実業たちである。

中上川によって資本主義の黎明期に見出された彼等は、元祖「プロ経営者」だった。

▼▼▼「鐘紡王国」を築いた武藤山治は「番町会事件」の告発者

次章で詳述する「財界四天王」と関わりの深い中上川門下の「プロ経営者」について触れておこう。

中上川彦次郎は明治二七（一八九四）年、武藤山治を鐘淵紡績（鐘紡）に送り込んだ。三井銀行にスカウトしたが、古い幹部とぶつかってばかりいた武藤を、新しい産業で活躍させようと考えだ。

武藤は現在の愛知県の出身で福沢諭吉の慶應義塾で学んだあと、渡米した武藤は得意の英語力で欧米の経営書をむさぼり読み、日本の経営に新しい方式を取り入れた。具体例を挙げれば、新聞広告の利用、外資の導入、同業者の合併、作業の標準化などである。共済組合など従業員の福利厚生に配慮し、労働条件を改善した。

武藤は「女工哀史」で知られる女子工員らの悲惨な労働環境を改善し、鐘紡を戦前、日本一の売上高を誇る大企業に育て上げた。

福沢諭吉を崇拝する武藤は、独立自尊の経営を求めてやまなかった。とりわけ政商を憎み、政官財の、トライアングルの癒着を激しく攻撃した。次章で取り上げる「番町会事件(帝人事件)」の経済界側の仕掛け人が武藤だった。

鐘紡社長を退いた武藤は、福沢が設立した時事新報社の相談役に就いた。日本資本主義の発展を阻むものの代表と考えた政商に、武藤はここで最後の戦いに挑む。昭和九(一九三四)年一月、時事新報は社告で「番町会を暴く」と宣言、告発記事を連載した。

後述するように、番町会には少壮実業家が多数、参加していた。公的資金でテコ入れされた台湾銀行の担保物件だった帝人の株式は国民の財産である。にもかかわらず、番町会は政財界に働きかけ不正に帝人の株式を手に入れた、というのが武藤の主張だった。

多数の政財界人や大蔵省の高官が起訴される一大疑獄、帝人事件に発展した。だが、判決は、全員無罪となった。

火付け役の武藤は、告発記事の連載開始の二カ月後の昭和九年三月九日、時事新報社に出社するために神奈川県の北鎌倉駅に向かう途中、暴漢に襲われ射殺された。数え年で六八歳だった。

暴漢も自殺したため、犯行の動機や背後関係はわからない。経済恐慌で、経済テロが吹き荒れた時代だった。

戦前は「プロ経営者」が活躍する時代であった。旧財閥が大企業グループとして復活した戦後の高度成長期は、内部から昇格する経営者の時代に変わった。その端境期に、政商たちが出番を迎える。

2
財界主流派を形成する企業経営者たち
宮島清次郎と「財界四天王」の時代

かつて「財界総理」や「財界四天王」と呼ばれる実力者が存在し、政界とがっぷり四つに組んで日本（経済）を動かしてきた。

彼らを「財界四天王」と命名したのは、財界のご意見番と呼ばれた評論家の三鬼陽之助である。『文藝春秋』昭和三六（一九六二）年新年号で初めて、この言葉を使った。三鬼は「池田勇人その金権の背景」と題する一三頁にわたる特集のなかで次のように書いた。

〈日本の財界は、小林《こばやし》中《あたる》、水野《みずの》成夫《しげお》、永野《ながの》重雄《しげお》、桜田《さくらだ》武《たけし》の四人で支配されている。すくなくも、この四人が話し合えば、だいたいの問題は解決される〉［★1］

その実力ぶりをこう描写した。この後、〝財界の総本山〟といわれる存在となる経済団体連合会（経団連）会長に石坂泰三《いしざかたいぞう》を口説き落としたのも、この四人。労務対策の指令塔の日本経営者団体連盟（日経連）の代表常任理事の諸井貫一《もろいかんいち》、日本商工会議所会頭の足立正の人事も同様である。経済同友会の代表幹事は産業代表が木川田一隆《きかわだかずたか》、金融代表が岩佐凱実《いわさよしざね》と、回り持ちで決まった感があるが、四人の意思を無視しては、絶対に決められなかった。

〈日本の財界の出来事が、四、五人で大体、支配され、処理され（てい）ると（思って）断じて、間違いない。そして、この財界実力男四、五人と、現在、一番接近している政界人は池田勇人《いけだはやと》である〉［★2］

昭和三五（一九六〇）年七月一九日、日米安保条約の改定の国会での自然承認と引き換えに退陣した岸信介のあとを受けて、後継総理となったのが池田勇人である。池田内閣は所得倍増計画を政治の中心に据え、経済主義を打ち出した。政治の季節から、経済の季節に大きく転換した時代に、池田内閣を表裏一体となって支えたのが財界四天王であった。

財界四天王とは、

小林中　富国生命保険相互会社社長、日本開発銀行初代総裁、アラビア石油社長
水野成夫　経済同友会幹事、産経新聞社長、フジテレビ社長
永野重雄　日本商工会議所会頭、富士製鐵社長、新日本製鐵会長
桜田武　日本経営者団体連盟会長、日清紡績社長

（肩書きは現役時代のまま表記した）

ここに日本精工社長の今里広記《いまざとひろき》、ニッポン放送社長の鹿内信隆《しかないのぶたか》が加わり、財界の主流派を形成した。

これら財界の実力者が、池田勇人の後ろ盾になり得たのは、彼等の師匠、宮島清次郎の存在が大きかった。宮島は日清紡績社長・会長、日本工業倶楽部理事長を務めた。表舞台には、まったく出なかったため、宮島は知る人ぞ知る、といった存在だが、戦後の日本の資本主義の枠組みをつくった人物である。「プロ経営者」でもあった宮島清次郎の足跡を辿ることから始めようと思う。

▼▼▼ゴルフ禁止令「白昼棒を振るな」

戦後、宮島清次郎が財界活動の拠点としたのが日本工業倶楽部だった。

東京のビジネスの中枢、丸の内界隈のビルは、進駐してきた米軍に撤収された。第一生命保険の本社屋はマッカーサー総司令部となった。東京駅前の日本工業倶楽部はＷＡＣ（婦人部隊）の宿舎とクラブに当てられることになっていたが、工業倶楽部関係者がマッカーサーに必死に嘆願して、接収を免れた。日本工業倶楽部が接収されていたら、実業家相互の連絡は途絶していただろうと言われている。

日本工業倶楽部は財界人の社交クラブであった。財界の会合は、会館の部屋を借りて行われた。財界が再建の根拠地を持ち得たことの意味は大きかった。経団連、日経連、経済同友会の財界三団体がここに事務所を構えた。数々の声明がここから出され、産業・経済界の再興に向けての秘策が、ここで練られた。

宮島清次郎は、財界専門の貸家の主人こと、日本工業倶楽部理事長に昭和二二（一九四七）年一月に就き、以来、亡くなるまで、一六年八カ月の長きにわたって理事長を続けた。

「財界奥の院」の留守居役と自称していた家主の宮島は店子（会員）にはきわめて無愛想だった。朝日新聞記者、大谷健著『戦後財界人列伝』（産業能率大学出版部）は、宮島清次郎のこんな逸話を書いている。日本工業倶楽部の六代の理事長に仕えた工業倶楽部主事の山根銀一の回想である。

工業倶楽部には冷房はもとより、洗面所に給湯設備もない。食堂の食卓には花一つ置かせなかった。山根主事が会員の苦情を取り次ぐと、宮島理事長はけんもホロロにこう言った。

〈冷房がないと夏に会議ができないような経営者は第一線を引いてもらえ。手なんか洗うのに湯がなくて冬が越せないような老人は、とても企業の（置かれた）厳しさに耐えられまいから、遠慮なくやめてもらえ。

日本は戦争に負けたのだ。せめて工業倶楽部だけには謙虚、質実の精神を残せ。工業倶楽部は料理屋じゃない〉[★3]

ゴルフ熱が財界人の間に高まり、会員の間から工業倶楽部の屋上にゴルフ練習場をつくる案が持ち上がった。ある財界長老が代表になって、山根主事に理事長の説得を命じた。山根は宮島に三〇分間、立ったままで叱られた。

〈いいか。このごろの労組の在り方も目に余るが、経営者の心構えはさらになっていない。お前が労組の人間で、工業倶楽部の前を通ったと思え。いい年をした人間が、白昼棒なんか振り回して遊んでいるのを見たら何と思う。二度と再びこんなことは俺のところに持ち込んでくるな〉[★4]

工業倶楽部に冷房と給湯設備が備え付けられ、ゴルフ練習場が日の目を見るのは、宮島が亡くなってからである。

▼▼▼吉田茂を物心両面で支援した宮島清次郎

宮島清次郎は首相の吉田茂と東京帝国大学法科大学政治学科の明治三九(一九〇六)年組の同級生。学生時代、一緒に下宿した。東大の赤門を出て、吉田茂は外交官に、宮島は実業へと別々の道に進んだ。宮島と吉田の親交は、吉田が昭和三(一九二八)年、外務次官になると再開した。二・二六事件(昭和一一年)のあと、吉田は広田弘毅内閣の外相になることになっていたが、軍部の干渉で、吉田外相は潰れた。

戦時統制経済が、まともな経済活動の足枷になっている現実に失望した宮島は昭和一五(一九四〇)年、一切の公職、団体の代表から身を退いた。表舞台から消えたことが幸いして宮島は公職追放を免れた。

敗戦。そして、吉田茂の時代がきた。

宮島は、吉田の首相時代、物心両面から、学友のために援助した。宮島が属していた根津グループの日清紡績をはじめ、山本為三郎の朝日麦酒、小林中の富国生命保険、水野成夫の国策パルプなどに、なかば命令で献金させた。

当時は、占領下である。表沙汰にできない金が相当必要だったらしい。宮島は持っていた株式をはじめ、軽井沢の別邸まで売却した。芝伊皿子町《しばいさらごまち》の自宅まで担保に入れて金を工面した。

池田勇人を大蔵大臣に推薦

昭和二四(一九四九)年二月、第三次吉田内閣で、吉田は重要ポストの蔵相の人選を宮島に一任した。宮島は腹心の日清紡社長桜田武と朝日麦酒社長の山本為三郎に相談した。その時、桜田、山本の頭に期せずして浮かんだのが池田勇人だった。

桜田は「私と同じ広島の人間です」といって池田勇人の名前を出した。桜田の友人の永野重雄が池田を買っていた。永野もまた広島県人である。

山本は根津問題を池田が解決に導いたことを持ち出した。昭和一五(一九四〇)年、「鉄道王」の初代根津嘉一郎が死んだとき、遺産の一部を根津育英会、根津美術館に寄付し、残りを遺族が相続するか。それとも遺産を全部、根津家で相続するかの対応(実は節税対策)で税務当局ともめていた。全額相続すると、莫大な相続税がかかり、根津家は破産状態になる(ことが分かっていた)からだ。

そこで、根津の薫陶《くんとう》を受けた大日本麦酒取締役の山本為三郎、日清製粉社長の正田貞一郎(美智子皇后の祖父)と日清紡社長の宮島が東京国税局長だった池田を訪れ、陳情した。すると池田はあっさり根津家に有利に裁定をする方向で解決することを示唆した。

宮島は池田の存在を忘れていたが、山本から言われて、この時のことを憶い出した。「あの時の男なら面白い」。

〈（昭和二四年）二月八日、宮島は日清紡本社前の自宅の部屋に池田を招き、経済談義の末、蔵相就任を引き受けるよう言い渡し、同時に吉田に「池田という人間が見つかった」と報告する。

吉田－池田の保守本流が形成され、それと表裏をなすかの如く、財界主流派による政界の保守本流に対する支援体制が形づくられた。財界主流派の旗手が、根津系の富国生命出身の小林中であり、宮島子飼いの桜田であり、宮島が社長を務めた国策パルプの水野成夫であることを見れば、宮島抜きに戦後の政財界史は語れないことがわかるだろう〉[★5]

吉田茂に池田勇人の存在を印象づけたのは宮島清次郎だった。代議士会で「官僚出身の一年生代議士（の池田）に蔵相のポストを（与えるのか）……」と猛烈な抵抗にあったが、吉田が幹事長の大野伴睦らに説得させ、池田・大蔵大臣が実現した。

吉田－宮島の関係は、桜田、永野、水野、小林に引き継がれた。

▼▼▼栄誉の思召しは一切断る

宮島清次郎は「感謝報恩」を座右の銘とし、清貧を生涯貫いた。

金銭に淡泊だった。日清紡会長をやめたときには退職金を辞退した。

名誉欲もなかった。問題は死んだあとの叙勲である。吉田と池田が勲一等を出すに決まっている。本人は「男の一生をかけた仕事に、官僚から勲何等なんて等級をつけられてたまるか」と考えていた。宮島の胸中をよく知っていた桜田は、それでも「私ではとても辞退しきれない。一筆書いておいて下さい」と言った。こういう経緯があって、「栄誉の思召しは一切断る」が宮島の遺言になった。

昭和三八(一九六三)年九月六日、宮島は八四歳で亡くなった。九月一〇日の青山斎場で行われた告別式で吉田茂は弔辞を述べた。

〈僕たちの年齢になると、人間の成就しうる限界はおおよそ見当がつくようになる。そしていちばん大切なことは、自分より偉くなりそうな男を育てることだと気づくものだ。君は桜田(武、日清紡)、山本(為三郎、朝日麦酒)、水野(成夫、国策パルプ)三君をそれぞれの分野で育てた。また日銀政策委員として君は、池田首相を育てたといえよう。男子の本懐である〉[★6]

同級生らしい、友情あふるる弔辞であった。

戦後の鬼っ子、財界四天王

宮島清次郎とその門下生である「財界四天王」は、戦後という時代が生んだといっていい。日本の資本主義の〝鬼っ子〟（後掲、福本邦雄の発言）だった。鬼っ子といわれるのには、三つの理由がある。

第一は財閥解体という権力空白期だったことだ。敗戦により、ＧＨＱ（連合国軍総司令部）民生局のニューディール派によって、財閥解体、大企業経営者の公職追放、労働三法の制定など、革新的政策が次々と推し進められていった。

財閥が解体され、大企業の経営者が追放された結果、戦前の財界の指導者はすべて経済・産業界の表舞台から消えた。一介のサラリーマンにすぎなかった若手が急に経営者に引き上げられたわけだ。源氏鶏太が小説『三等重役』で描いたような事態が現出した。『三等重役』たちは、自分の会社を支えるのに必死だったから、財界活動などにかかわる余裕はなかった。

政治との関係も変わった。戦前は、財閥が政党を丸抱えしていた。三井財閥は政友会、三菱財閥は憲政会の選挙資金をすべて賄った。財閥解体で、財閥と政党の蜜月は終わった。

戦前なら、三井と三菱が話し合えば、すべて問題は解決した。だから、財界のような統一的な団体(組織)は必要なかった。財閥が解体されたため、財閥に代わって経済界の意思を代弁する〝機関〟が必要になった。

権力の空白期に、中心的役割を果たしたのが、追放を免れた宮島清次郎だった。宮島が理事長を務めた日本工業倶楽部から、経団連、日経連、同友会が巣立っていった。

二つ目は、共産主義と労働組合対策だった。皇居前広場が赤旗で埋め尽くされた時代である。共産主義革命への危機感は、現代では想像ができないほど強かった。必然的に、マスコミへの対策が必要になった。米ソが対立する冷戦時代に、資本主義を守ることが至上命題となっていた。

三番目は日本経済の再建である。政界と財界が一体となって取り組む必要があった。経団連や日経連、同友会などが作られる段階で、大企業の経営者はそれぞれ、自由党や改進党、進歩党などの保守政党と結びついていたが、統一的な連携体制はできていなかった。

経済界が敗戦直後に直面した課題は、煎じ詰めれば、労働組合の攻勢とＧＨＱへの対応だった。労働組合と力で対決して、どのようにして経営者側の論理を貫徹するかという、喫緊の課題であった。新しい支配者である米国と良好な関係を結びつつ、その力を利用してどのように日本の資本主義を再建させるという、厄介な問題も解決しなければならなかった。

宮島は企業を再建させた「プロ経営者」だった

宮島清次郎と「財界四天王」は、資本家とか経営者というより、財界の世話役というべき存在だった。フィクサーと見る向きもあるが、宮島は企業を見事に再建させた「プロ経営者」の貌も持っていた。

宮島（旧姓・小林）清次郎は明治一二（一八七九）年一月二〇日、現在の栃木県佐野市に生まれた。東大卒業後、住友別子鉱業所（現・住友金属鉱山）に入社した。入社間もなく、東京紡績社長・田村利七の娘と結婚し、利七の実家である宮島家の養子となる。清次郎は小林から宮島に改姓した。

東京紡績が経営不振に陥り、社長の田村は娘婿の宮島に助力を乞う。宮島が、さして望んでいなかった紡績人になるきっかけは、実家の経営危機だった。東京紡績の業績は予想以上に悪かった。当時、三二歳で、専務だった宮島は死力を尽くして経営を立て直し、尼崎紡績と合併した。これを潮に身を退き、住友に戻り、中国大陸で働くつもりでいた。

だが、宮島の東京紡績での活躍ぶりを注目していた経済人がいた。実父、小林庄太郎の友人で、同郷の岩崎清七である。根津財閥系の日清紡績が経営不振に陥り、立て直すべき人材を探していた岩崎は、宮島を根津嘉一郎に推薦した。その一方で、渋る宮島をねじ伏せるようにして、大正三（一九一四）年、日清紡績の専務にした。宮島、三七歳のときである。

宮島は「石橋を叩いて渡る」厳格な経営を推し進めた。購買関係者は、出入り商人に受けのいい人間を全部整理し、商人に評判の悪い人だけを残した。「商人に評判が良い社員は会社の害になっている」と睨んだからだ。

人事には厳しかった。自分にはもっと厳しかった。専務の宮島は詰襟服で働いた。

日清紡績は、見事に立ち直った。大正九年の恐慌、関東大震災、昭和恐慌にもびくともしない、業界屈指の優良企業に変身した。

紡績業界は女工哀史のような過酷な労働環境で知られていたが、従業員の労働改善にも取り組み、昭和四(一九二九)年、いち早く深夜操業を廃止している。根津嘉一郎は宮島の経営手腕に痛く惚れ込み、根津と宮島は固く結びついていった。

二代目までが根津嘉一郎を襲名したが、初代の根津嘉一郎という人物は、東武鉄道をはじめ数々の鉄道会社を再建させた「鉄道王」として、産業史上に名前をとどめる。東京の新名所、東京スカイツリーを建てた東武鉄道社長の根津嘉澄は初代の孫にあたる。

根津が経営にかかわった企業は電力、ビール、紡績など二〇〇社を超える。だから、お眼鏡にかなった人物に経営をまかせた。富国徴兵保険(その後の富国生命)は小林中、日清製粉は正田貞一郎、大日本麦酒(戦後、分割して朝日麦酒)は山本為三郎、日清紡は宮島清次郎。根津の事業を立派に引き継ぐ人達が育っていった。

戦後、宮島の手兵となって、吉田政権を支えたのは、根津グループの人々だった。そして、宮島は池田勇人と遭遇する。縁は異なもの味なものである。

▼▼▼「闘う日経連」の顔、桜田武

宮島の一番弟子といえば桜田武である。桜田が日清紡社長に就いたのは敗戦の年の昭和二〇(一九四五)年一二月。「新しい時代には、新しい人と体制が欠かせない」。会長の宮島清次郎は空席の社長に専務の桜田武を昇格させた。自分は退任して相談役・社友となり、経営の第一線から退いた。宮島の意中の人物とはいえ、桜田はこの時、まだ四一歳。日清紡は敗戦で焼け残ったわずかばかりの工場しかない貧乏会社。国中に労働組合の赤旗が林立する中での船出だった。桜田は後にこんな打ち明け話をしている。

〈「桜田さん、あんたクルマ持っとるなら、あんたの会社に行く(から乗せてくれ)」。同じ中央労働委員会の委員だった共産党の徳田球一から、こう声をかけられたことがある。

「あんたが来るのは迷惑だ」。断ったが、強引にクルマに同乗した徳田は社長室に入ってくる。

「人事部の人たちを呼びなさい」

「何をする気だ」

「サツマイモ栽培のコツを教えてやろうと思ってね」〉[★7]

敗戦という、一種の革命（の状況）に直面し、組合側に押されっぱなしだった経営側は、巻き返しを図らなければならない——。こう（桜田は）思った。

昭和二三（一九四八）年四月、組合運動の育成に力を入れていたGHQの反対が収まるのを待って、日経連が旗揚げされた。桜田は翌、昭和二四年九月に総理事に選ばれ、「闘う日経連」の顔となった。「経営者よ　正しく強かれ」。桜田・日経連はこんなスローガンを、堂々と掲げた。

日経連を設立するにあたって、桜田は戦時中から仕事の付き合いがあった鹿内信隆を引っ張ってきた。鹿内は早稲田大学政経学部の卒業。桜田総理事＝鹿内専務理事としてコンビを組み、戦後の約一〇年間、日本共産党に指導されて各地で起こった激烈な労働争議と闘った。鹿内は左翼退治に送り込まれたニッポン放送を足がかりに、フジテレビ、産経新聞を擁するフジサンケイグループ（現・フジ・メディア・ホールディングス）の総帥の座を手に入れた。

自分にも他人にも厳しい宮島が選んだ桜田とはどんな人物なのか。人物評に必ず「古武士の風格をもつ」の冠がつく。

明治三七（一九〇四）年三月一七日、現在の広島県福山市に生まれた。旧制第六高等学校、東京帝国大学法学部に入る。大正一五（一九二六）年に大学を卒業して、すぐに日清紡に入った。入社試験の口頭試問で社長の宮島はジロリと桜田をみて「成績は良くないな。四段か。柔道ばかりやっていたな」と毒づいたが、それでも採用した。

「財界四天王」のうち、後から加わった永野重雄は桜田人脈だ。桜田と永野は広島県出身の同郷で六高、東大を通じての柔道仲間。池田勇人も広島県人だ。この地縁、学縁が桜田の財界活動の支えになった。

宮島清次郎－吉田茂の裏方として、桜田は小林中、水野成夫、山本為三郎と共に働いた。吉田が政界の第一線を退くと、政界とのバトンは宮島から桜田に引き継がれた。桜田－池田勇人の関係は、第二の宮島－吉田となった。

池田内閣が誕生すると、総資本対総労働の対決といわれた三井三池争議（福岡県大牟田市）は、血を見る大事件に発展した。

〈桜田は池田内閣の最初の仕事は、三井三池争議の解決であるとし、それにあたる労働大臣には、自民党の中でもっとも労働界に知られている石田博英を起用すべきだと進言した。池田は即座にこの進言を採用した。それと同時に桜田は三井鉱山側にも働きかけた。さしもの難問も昭和三五年十月に全面解決した。

三井三池争議の解決は、桜田の池田に対するハナムケだったのである〉［★8］

桜田は師・宮島譲りの歯に衣を着せぬ発言をし、マスコミの話題になった。「日本は国家不在、政治家不在の半人前国家だ」「三木（武夫）首相は、日本丸の船長ではなく、広報課長にすぎない」など辛辣な発言を繰り返した。そのため政財界人から煙たがれた。

妥協を許さぬ古武士は、昭和六〇（一九八五）年四月二九日、亡くなった。享年八一。師・宮島清次郎に倣い、遺言には「小生死去の際、栄誉一切辞退申すべきこと」と記した。

▼▼▼「コバチュー・グループ」を率いた小林中

小林中は実行部隊のリーダーとして、吉田茂と吉田学校の池田勇人を強力に支援した。小林中は、吉田の後継者である池田の、文字通り経済の指南役だった。「コバチュー・グループ」は財界実力派と呼ばれ、一時は財界の総本山である経団連よりも強い影響力を持った。小林は「影の財界総理」と称されるほどだった。

小林中は明治三二（一八九九）年二月一七日、現在の山梨県南アルプス市で生まれた。父親は石和銀行（現在の山梨中央銀行）頭取の矢崎貢。次男であったため、母方の祖父の養子となり小林姓を名乗った。早稲田大学政治経済学部を中退し、実父の銀行の取締役を一〇年ほど務めた。うだつが上がらない息子を見かねた父親は、同郷である甲州財閥の総帥、根津嘉一郎（初代）に身柄を預けた。

小林は昭和四(一九二九)年、三〇歳で富国徴兵保険に入り、根津から徹底的にしごかれた。富国徴兵保険は敗戦の年に富国生命保険に社名を変更した。

小林は経営者というより、根っからの財界人だった。郷誠之助男爵を中心とする少壮実業家グループ「番町会」のメンバーと親しくなった。昭和九(一九三四)年、番町会が帝国人絹(現在の帝人)株式の売買で不正な利益を得たとして、政財界の錚々たる人物が起訴された。最年少の被告に小林がいた。帝人事件、別名、番町会事件ともいう。

結局全員に無罪判決が下りることになるこの事件は、軍部の革新派と気脈を通じた司法・検察内部の一部勢力が、政財界指導部の揺さぶりをかけることを狙って起こしたものといわれている。斉藤実内閣は帝人事件で総辞職に追い込まれた。一流と目される人物のほぼ全員が予審で起訴事実を自白した。小林は遺書を用意するほど過酷の取り調べを受けたが屈しなかった。小林は、黙り通して仲間を売らなかった。

〝財界の鞍馬天狗〟と称された、日本興業銀行頭取の中山素平は晩年、尊敬する人物は誰かと尋ねられ、日本開発銀行初代総裁の小林中をあげた。「帝人事件で逮捕されたときの態度が立派だった」というのが、その理由だった。

日本開発銀行初代総裁に就き、財界の実力者に

小林が、財界人として才能を開花するのは、宮島清次郎が率いる吉田支援の実行部隊のリーダーになってからだ。資金集めが上手とはいえない宮島に代わって、小林が政治資金の調達に動く。小林は宮島と同様、官憲から目をつけられるような行動はしなかった。帝人事件の、苦い経験から、極めて用心深かった。

第三次吉田内閣は昭和二六（一九五一）年四月、日本開発銀行を設立した。産業基盤の整備や基幹産業振興のために長期資金を供給する政府系金融機関である。吉田は自ら小林を総裁に指名した。

この時の小林の就任の弁がふるっている。「どうだい、君やるかい」という吉田に小林は、こう答えた。

〈引き受けてもよろしいが一つ条件があります。おそらく政党その他から多くの注文がくると思います。しかし私が総裁になった以上、私の考えで自主的にやっていくつもりです。一切そのような注文はうけつけません。たとえ総理からの御注文でもお断りします。しばらくしたら、党内から批判が出ると思いますが、総理がそれに同調するようでありますなら、私はいま総裁をお断りします〉［★9］

当時の小林は、宮島の名代として吉田の政治資金の面倒を見るために奔走していただけに、この人事に対する政財界の見る目は厳しかった。小林は、それを十分に意識したうえで大見得を切ったわけだ。

小林は公言通り、政財界の圧力や要求をびしびし、はね返した。

国家資金を自由に配分できる開発銀行総裁という立場が、小林を財界の頂点に押し上げていった。

▼▼▼共産党の転向者、水野成夫を「プロ経営者」に育てる

日清紡の立て直しに成功したことで宮島清次郎の経営者としての名声はかくれないものになった。傑出した経営手腕の持ち主である宮島を周囲が放っておかなかった。

昭和一三（一九三八）年六月、国策会社の国策パルプ工業が設立されると、関係者から広く推されて宮島は社長に就任した。この仕事の中で、水野成夫と南喜一を見出し、凄腕《すごうで》経営者に育てた。

水野成夫は明治三二（一八九九）年五月四日、現在の静岡県御前崎市に生まれる。旧制第一高等学校、東京帝国大学法学部を卒業。一高では柔道部の猛者として鳴らした。東大時代には新人会に入り共産主義運動に身を投じた。

昭和二（一九二七）年、日本共産党代表として共産主義政党の国際組織であるコミンテルン極東政

治局に派遣され、中国で武漢国民政府の樹立に参画する。昭和三年に帰国するが、三・一五事件で検挙され、獄中で転向を表明する。

三・一五事件とは、昭和三年三月一五日に治安維持法違反容疑で日本共産党、労働農民党などの関係者一六〇〇人を一斉に検挙したことを指す。

出所後は政治活動を離れ、翻訳業を始める。アナトール・フランスの『神々は渇く』やアンドレ・モーロアの『英国史』を翻訳した異色のインテリだ。

実業に転じたのは、同じ転向者で、水野の片腕として行動を共にする南喜一とのつながりからだ。早稲田大学理工学部中退。関東大震災後の混乱に乗じて起きた亀戸事件で実弟が警察に殺されたことから、南は非合法の日本共産党に入党した。三・一五事件で逮捕され、獄中で転向した。

出所した南喜一は米糠《こめぬか》を触媒に使い、新聞紙からインキを抜いて再生紙を作るアイデアを陸軍に持ち込んだ。獄中でチリ紙をほぐして水につけ、壁にペタペタ貼って再生紙を作る技術を編み出したという。陸軍軍事課長、岩畔豪雄《いわくろひでお》は、国策としてパルプ自給を図る計画をもっていた。そこで、朝日新聞や化繊業界の出資で国策会社の国策パルプ工業が設立され、宮島が社長に招かれた。

陸軍主計少尉の鹿内信隆は陸軍側の担当事務官として、日清紡の営業部長の桜田武と折衝した。日経連の桜田総理事＝鹿内専務理事コンビの出発点はここにある。

宮島は、若い水野と南を使うことにしたが、二人とも元共産党の転向者だったことから、周囲は猛反対した。宮島は桜田に首実検をさせた。すると、桜田と水野はすぐに意気投合した。水野とは一高と六高の柔道の対抗試合で対戦したことがあったからだ。

昭和一五（一九四〇）年五月、国策パルプ工業は全額出資で古紙再生会社、日本再生製紙を設立、水野と南に実務を任せた。昭和二〇年一一月、国策パルプが日本再生製紙を吸収合併した結果、水野と南は国策パルプに移った。宮島の狙いに違わず、二人は頭角を現す。水野は社長に、南は会長になった。水野も「プロ経営者」だった。宮島の眼力の凄さが、ここでも証明された。転向者を拾うこと自体うるさい時代だった。世間の目など問題外として、自分の眼力だけを信じた気骨は、宮島ならではのものだ。

保守メディアをつくった水野成夫

水野は宮島と師弟関係を結んだことで、「財界四天王」の実力者へと駆け上がっていった。財界の奥の院で水野成夫は、桜田武、永野重雄と共に「マスコミ対策委員会」の中心メンバーだった。共産主義の防波堤となるマスコミ対策を担当した。

水野は昭和三一（一九五六）年、ラジオ局の文化放送社長。翌三二年、ラジオ局のニッポン放送に送り込まれていた鹿内信隆と一緒に、フジテレビジョンを設立し、初代社長に就任した。三三年には、財界の意見を反映した保守メディアを作るという要望を受けて産経新聞の社長に就任した。元共産党中央委員の水野は左翼の手の内を知り尽くしていた。配転・解雇などの荒療治で、就任一年で黒字に転換したが、「産経残酷物語」といわれた。

水野成夫は晩年、占いに凝った。そのお告げで、プロ野球の国鉄スワローズを買収したり、琵琶湖のほとりにサンケイバレーというレジャーランドを建設するなどして大赤字を出し、失脚した。

プロ野球団、サンケイアトムズは、南喜一が会長を務めていたヤクルト本社が買収した。「水野の窮地を盟友の南が救った」と評判になった。同球団は現在の東京ヤクルトスワローズである。

水野の失敗の尻拭いのために、弟分の鹿内信隆がフジサンケイグループの全権を掌握した。鹿内もまた辣腕《らつわん》家だった。

「政界最後のフィクサー」といわれた福本邦雄は、父親が共産党の理論的指導者の福本和夫だったことから、その部下の水野成夫とは公私ともに親しかった。フジインターナショナルアート会長の福本は、文芸評論家の福田和也と文藝春秋誌上で連続対談をした。「財界四天王」を戦後の〝鬼っ子〟と評したのは、このときだ。

〈私から見て、識見や時代の見通しで一頭地を抜いていると思われたのは、やはり水野成夫ですね。「なぜあなたではなく、コバチュウさんがリーダーなんですか」としつこく訊いたら、「俺は共産党あがりだから、遠慮しといたんだよ」と破顔一笑していました〉［★10］

自由奔放の性格で、非合法下の共産党中央委員、フランス文学の翻訳家、財界人の大物と三段跳びの人生。だが、水野の人物評はいまだに定まっていないようである。

▼永野重雄に大成功をもたらした宮島の口利き

永野重雄は大企業のエリート街道を歩んできた部下たちに、こんなことを言っていた。「君たちは夜逃げしたことがないだろう」「赤字を出しても会社は潰れない。お金を借りられないと潰れるんだ」。倒産会社を再建させた自負が、この言葉には込められている。

永野重雄は明治三三(一九〇〇)年七月一五日、島根県松江市に生まれた。実際に育ったのは広島市のため、終生、広島出身と称した。旧制第六高等学校から、東京帝国大学法学部に進んだ。六高、東大では柔道に打ち込んだ。

東大卒業後、貿易会社の浅野物産に入社したが、仕事がおもしろくなくて、直ぐに退社。大正一四(一九二五)年、長兄の永野譲を通じて、実業界の大立者、渋沢栄一の息子の正雄の依頼を請け、倒産会社、富士製鋼の支配人兼工場長となった。譲は帝大時代に、正雄の家庭教師をしており、その謝礼を郷里に仕送りした。この金が他の兄弟の養育費に充てられた。後年、「怪物」と呼ばれるようになった重雄だが、兄の譲には頭があがらなかった。

永野は倒産会社、富士製鋼の再建をなし遂げた。これが縁で生涯を製鉄業に捧げることになる。小さな倒産会社からスタートした永野が八幡・富士合併の機関車役となり、国内最大の製鉄会社、新日本製鐵のトップにまで上り詰めることになるが、このサクセスストーリーは柔道仲間の桜田武の存在を抜きにしては考えられない。

永野は昭和二五（一九五〇）年、富士製鐵の社長に就任した。この年、それまで戦争賠償の対象となっていた広畑製鉄所が、対象から外されて日本側に返されることになった。永野は広畑を富士の中核事業にすべく、「広畑事件」と呼ばれる激しい争奪戦を繰り広げた。

吉田茂の側近、白洲次郎はドル獲得のためイギリスへの売却を主張した。永野は「将来の日本経済のため、製鉄業を外国資本に任せられるか」と啖呵《たんか》を切って、広畑の外資への売却案をつぶしにかかった。

永野は白洲と東京・銀座のバーで大喧嘩したという逸話が残っている。永野は柔道で鍛えたバンカラ男。白洲は英国仕込みの元ラガーマン。大立ち回りになれば、夜の銀座の語りぐさになったはずだが、実際には口論の末、永野が白洲をこづいた程度で終わったらしい。

永野は六高の柔道部仲間の日清紡社長の桜田武を介して、宮島清次郎を動かした。当初、吉田は白洲が献策した外国資本への広畑売却案を採り、売却で得る外貨を食糧輸入に充てる算段をしていた。だから、吉田は宮島の説得になかなか応じなかったが、最後は外資への売却話は立ち消えになった。

広畑製鉄所を獲得した富士製鐵は大躍進を遂げる。これを可能にしたのは、宮島清次郎＝桜田武の師弟コンビの口利きがあったからだ。永野は桜田を介して宮島グループに加わり、「財界四天王」の一角を占めるまでになる。

鳩山一郎首相退陣要求の仕掛け人

〈いまの保守政治家は頼るに足らない。しかし、政治家を責める前に、この程度の政治家しか育てられなかった、われわれ自身の不明を反省すべきである〉［★11］

昭和四〇（一九六五）年一〇月二二日の日経連総会で代表常任理事の桜田武はこう挨拶した。単に政治家を育成するだけではなく、財界が総理大臣を決めていた。今日では、信じられないことだが、財界が反対すれば首相になれなかった。これが、この当時の常識だった。

宮島清次郎が支援する吉田茂内閣は、あまりに長く政権が続いたこともあって不人気となり、昭和二九（一九五四）年一二月、野垂れ死のような形で退陣した。代わって鳩山一郎内閣が成立した。

サンフランシスコ条約が締結された後、鳩山政権の重要な政治課題はソ連との国交回復となった。鳩山政権の実権を握っている河野一郎が日ソ交渉を主導した。昭和三一（一九五六）年、病気で杖が頼りの鳩山首相は河野一郎につきそわれて訪ソし、日ソ国交回復が宣言された。

親米反共路線を採る財界は猛反発した。経済団体有志の名前で鳩山首相の退陣を迫り、鳩山、河野らの訪ソを阻止しようとした。経団連の石坂泰三会長、日本商工会議所の藤山愛一郎会頭らが自民党の岸信介幹事長に向かって、鳩山首相の退陣を迫った。

この時、河野はドスの効いた声で石坂らを一喝した。「政治は政治家がやる。財界が政治に口を出すとは何事か。出過ぎもはなはだしい」。河野が財界の防波堤になって、日ソの国交は回復した。

鳩山首相退陣のシナリオは、宮島の衣鉢を継いだ小林や桜田ら財界主流派が書いたものだ。石坂や藤山は神輿にかつがれただけだった。

財界の働きかけで首相が決まるということが、当時は大っぴらに行われていた。財界四天王の河野への反感は決定的なものになった。

▼▼▼財界四天王時代の終焉

昭和三九（一九六四）年一一月九日、池田勇人が喉頭《いんとう》ガンで倒れ、佐藤栄作が後継首相となった。池田から佐藤へのバトンタッチをリードしたのも小林中、水野成夫、桜田武、永野重雄の「財界四天王」である。池田勇人が退陣を表明した時、後任候補として名乗りを挙げたのは佐藤栄作と河野一郎、藤山愛一郎の三人だった。

〈そのとき、小林は池田に佐藤を選ぶよう強く進言する。小林は鳩山退陣要請事件で財界と小林をののしった河野に復讐するとともに、佐藤に恩を売ることができた〉［★12］

だが、佐藤政権の誕生が「財界四天王」の終わりの始まりとなった。同じ吉田学校とはいえ、佐藤派の中には池田と小林の癒着を批判する声が多かった。そのため佐藤政権が誕生すると、先ずコバチュー・グループ外しが始まった。

昭和四〇（一九六五）年九月の国家公安委員の人事が、コバチュー・グループ排除の第一弾となった。国家公安委員をやめた永野重雄が後任に土光敏夫を推したのに、佐藤栄作は八幡製鐵の藤井丙午を指名した。

コバチュー・グループは国家公安委員、NHK、電電公社の経営委員などのポストを一手に握っていた。前出の福本邦雄は、こう語っている。

〈昭和四十年に、藤井《ふじい》丙午《へいご》氏から「国家公安委員を内諾したら、永野（重雄）、今里（広記）、鹿内（信隆）から『すぐ撤回しろ』と脅かされているんだが」と困惑した電話があった。実は財界主流派では、国家公安委員は土光敏夫に、と内定していたんですね。仕方なく「あなたは表座敷に据えられているけど、永野さんたちは、財界主流派という裏組織の人なんだ。裏組織への根回しをせずに、ポストに就こうとしても無理だよ」と教えてあげました〉［★13］

永野は「俺に任せると言っておきながら、何だ」と烈火の如く怒り、佐藤の自宅に怒鳴り込んだ。桜田が日経連の総会で「今の政治家は取るに足らない」と発言したのは、名指しこそしなかったが、佐藤栄作に対する（人事の）不満を述べたものだった。

藤井は圧力をはねのけ、国家公安委員に就いた。「財界四天王」の神通力が通用しなくなったことを、見せつけた人事だった。

藤井と永野の遺恨試合は、永野が政治力を発揮し、八幡製鐵と富士製鐵が合併させて誕生した新日本製鐵を舞台に再燃する。副社長の藤井丙午は「このままでは新日鉄は永野商店になってしまう」とアンチ永野の火の手を上げた。藤井は最初から会長の永野と差し違える覚悟だった。社長で八幡製鐵出身の稲山嘉寛を取り込み、八幡対富士の社内抗争という、実に分かり易いトラブルに発展したあげく、結局、三者揃って退陣することで決着が図られた。

昭和三九（一九六四）年の東京オリンピックが大きな節目となった。高度経済成長下で、日本経済は大きく変わった。旧財閥は巨大な企業グループとして復活した。経団連を中心に財界の意思を統一して政治家や官僚に働きかける体制ができあがった。組織として動くようになり、個人の力に頼る時代ではなくなった。

舞台裏で活躍する黒子は彼らの高齢化とともに役割を了えた。

経団連など大企業の表組織だけとなり、新日本製鐵、東京電力、東京芝浦電気（現・東芝）の巨大企業のトップが、財界の表の顔を務めるようになった。大企業の社長の椅子には双六の上がりのようなかたちで、生え抜きが座り、異業種を渡り歩く「プロ経営者」の出番はなくなった。

3 細君のいいなりになる男は役に立たないと看破 M&Aで電力王へ駆け上がった松永安左エ門

電力の鬼・松永安左エ門《まつながやすざえもん》が『毎日新聞』に「抵抗論」を寄稿して世の女性たちを怒らせたのは八六歳の時だった。

〈細君は亭主の言いなりになる。これは従順ということで、それ自体は多くの場合ほめられる。

ところが、従順一方である細君が、家庭がむずかしくなった場合など、うまく一家を立てていけるだろうか。こうした細君は多くの場合、立派にあとを立てられるとはいいがたい。

反対に浮気もせず、酒も飲まず、毎晩家に早く帰って、なんでもハイハイと細君のいいなりになっているような、いわゆる善良な亭主は海外万里の仕事がやれるかどうか。いっこうに役に立たぬ男というのはこういう型に多い。

浮気もすれば、仕事で半年くらいは家をあけて旅行するといった人間は、社会的な活動力はあるが、こうした型は細君からみれば抵抗の多い人間だ。浮気もすれば、帰りも遅い、細君のいいなりにもならぬ、細君にとっては抵抗の多い亭主だが、こういう型の方が働きがあって、長い目でみれば妻子をしあわせにしている。

これが僕の抵抗論である。抵抗強い、あるいは力強いといってもよいが、細君にも亭主にも抵抗は必要である。抵抗と抵抗の間に大きな人生を渡っていけるのだ――〉[★1]

評論家の柳田邦男は松永安左ヱ門の人物論の中で、この「抵抗論」を安左ヱ門の真骨頂を示すエピソードとして取り上げた。

確かに、松永は己の生き方そのものを語っている。事業と女遊びは安左ヱ門の勲章のようなものだ。高等小学校に上がるころには「夜這い」をかけ、青年期には地元のヤクザの女に手を出し刃傷事件を起こしたという逸話の持ち主だ。生涯、数えきれないほどの女性を愛した。

そんな俺だからこそ国家的事業を成し遂げた、という自負が込められている。安左ヱ門は「抵抗と抵抗の間に大きな人生を渡ってきた」人物、そのものだった。

作家の梶山季之が財界人たちに「小説にしたら面白い人物は誰か」と尋ねたところ、多くが安左エ門の名前を挙げたという。

▼官僚は人間の屑だ

松永安左エ門を語るには、やはり官僚との大ケンカのエピソードを紹介せねばなるまい。

昭和一二（一九三七）年に、東邦電力の社長だった松永が、ある講演会で発言したひと言が大問題となった。

「官僚は人間の屑だ！」

軍閥に追随、屈服する官僚たちを罵倒したのだ。

当時、官僚といえば、天皇絶対主義下の、天皇の直属である。官僚に対する侮辱は、そのまま天皇に対する不敬に当たる。官僚たちは猛烈に怒った。そうでなくとも鼻っ柱の強い一匹狼的な、松永の人柄に反発する者は多かった。

「発言取り消し、社長辞任」の要求を突きつけられた。右翼の脅迫もすごかった。当時の企画院総裁だった鈴木貞一から安左エ門は「手を引かないと危ない」と忠告を受けた。三井財閥の総帥、団《だん》琢磨《たくま》の暗殺など要人のテロが相次いでいた時代だ。

安左エ門は「事実だから仕方なかろう」と、突っ撥ねたが、命の危機を心配した専務の海東要造《かいとうようぞう》が独断で新聞広告を出し、発言を取り消した。これで、事なきを得た。

「官僚は人間の屑だ」と喝破したのは、天皇の権力を笠に着て、法律に楯に高圧的な態度で民衆を引きずり回す。そのくせ自らは決して責任を取ろうとしない官僚の傲慢さに心から怒りを募らせていたからだ。

軍部独裁の道が拓かれるのは、昭和一一（一九三六）年、陸軍の青年将校がクーデターを起こした二・二六事件が契機だった。広田弘毅《ひろたこうき》内閣が軍部の圧力で親軍的官僚を中心に挙国一致内閣として成立し、逓信大臣に電力国有化主義者、頼母木敬吉《たのもぎけいきち》が登用された。これで、国有化が現実味を増してきた。その頼母木を支えたのが、内閣調査局の「革新官僚」たちであった。

少壮軍人が政治に口を挟み、革新派と称する官僚が幅を利かせる時代になった。国家による管理に反対した安左エ門は、軍閥と結託して国有化を進める革新官僚たちに我慢がならなかった。その憤りが「官僚は人間の屑だ」の発言となった。

昭和一二年に発足した第一次近衛文麿内閣の下で「電力国家管理法」が成立する。翌年、日本発送電が誕生した。発電と送電を一手に独占する国策会社である。安左エ門は一切、協力しない方針を取り、東邦電力から一人も人を出さなかった。

政府は反対を封じ込めるため、国家総動員法を適用した。昭和一七年に東邦電力など民営電力会社を解散させ、全国を九分割して、九つの配電会社を作った。こうして電力の民営の時代は終焉した。

国家統制に最後まで抵抗した安左エ門は昭和一六年、「俺は会社をやめる」と言い残して、東邦電力の経営から退いた。六五歳だった。

安左エ門は一切の公職から退き、「耳庵《じあん》」と名乗り、埼玉県所沢市の柳ケ瀬山荘に隠棲した。茶人であった安左エ門の号「耳庵」は、論語の「六十にして耳順《みみしたがう》」からとった。人の言葉を素直に聞けという意味だが、相手に理がなければ、猛然「耳逆らう」のが、安左エ門の生き方であった。敗戦を迎え、茶道三昧とは、いかなくなった。

▼▼▼誰にでもかみつき総スカン？

昭和二二（一九四七）年、GHQ（連合軍総司令部）は電力の国家管理が戦争遂行の原因となったとして、電力事業を再編し、民営化することを政府に求めた。幾つもの再編案が提示されたが、GHQの反対で消えていく。GHQのT・O・ケネディ経済科学局顧問は日本人による権威ある委員会の設置を求めた。

昭和二四年、吉田茂首相は電気事業再編成審議会を設けた。苦慮したのは委員会メンバーの人選だった。吉田は池田成彬《しげあき》（元三井合名常務理事）に相談する。池田は安左エ門を吉田に推薦した。池田は安左ヱ門の実力を評価したが、その野生、ことに天衣無縫の女遊びを嫌っており、「再編成がすんだら、すぐご用済みにすることですな」と言ったと伝わっている。

安左ヱ門は審議会の会長に就いた。七三歳の時である。

審議会は幕明けから大荒れになった。

〈委員の三鬼隆《みきたかし》(日本製鐵社長)が年長の彼を「松永君」と呼び、「あなたはちょうど私の先輩の平生釟三郎《ひらおはちさぶろう》翁のようだ」と言ったところ、松永は柔和な態度を一変させた。

「あんなものとは違うぞ！　やはりあいつは役人で、ふらりと大臣になったが、オレは役人なぞ大嫌いだ。俺を平生と同じように思うと間違うぞ」〉[★2]

審議会の定石である事務局主導の運営にもかみついた。後年、東京電力社長となる木川田一隆《きかわだかずたか》は〈(松永は)財界出の委員にも悪態をいうし、役所にもどなり散らしたので総スカンを食ってしまった〉[★3]と回顧している。

安左ヱ門は審議会会長として三鬼隆ら電力統合派を相手に、日本の電力を再編するには統合では駄目で、分割による自由競争でなければならないと、主張し続けた。だが、多勢に無勢で、敗色濃厚であった。そんな矢先に大蔵大臣の池田勇人が通産大臣を兼務した。早速、安左ヱ門は池田に直談判に及んだ。

池田勇人は電力のことはわからなかったが、公邸を訪れ大きな全国地図を示しながら説明する安左エ門の、この歳になっても衰えない情熱に驚いた。そこで、「あなたの言う通りにすると日本は良くなるんですか」と聞いた。すると安左エ門は、二時間近くかけて、こう力説した。

〈私は商売人です。政治や財政は分からないが、私が儲からない商売をして今日の松永の存在はありません。私は、欲張りだったが、戦争この方、一片の私欲もありません。会社も成り立ち、お客も儲け、労働者も条件よく働け、国が富めばよいのです。それは、私の再編成案で、至極、合理的に出来ます〉[★4]

池田は「よろしい。あなたの案で日本の電力の再編成に進みましょう」と述べ、形勢は逆転した。GHQの電力担当のケネディは松永の分割案を了承。昭和二六年春、ポツダム政令によって日発の九分割と九配電による、いわゆる九電力体制が誕生した。

財界四天王とは親分・子分の関係

電力事業再編での松永の孤軍奮闘ぶりから、電力の鬼と称された。彼の悪戦苦闘がなかったら、日本の電力地図は大きく変わっていたはずである。電力は国鉄や電電公社と同じように最終的には、国営企業となっていたことだろう。

戦後の日本の産業が急テンポで立ち直った原因の一つは、電力事情の好転があったからだ。それは、分割された九電力が、安左エ門が言う自由競争の原理が働き、水力発電所や火力発電所を競って建設したからである。

電力業界が活性化し、日本経済は高度成長へと飛躍する条件を整えた。悪罵をものともせず電力民営化を実現した安左エ門の先見性と実行力は、高く評価されている。

権威に抵抗する情熱は、郷里の壱岐という風土が影響しているかもしれない。

彼自身「おれは蒙古襲来のとき犯された女性の子孫かもしれない」と冗談めかして言っているが、掘りの深い風貌や、豪胆な行動力は、日本人離れしていた。

「財界四天王」の名付け親である評論家の三鬼陽之助は、「財界実力者は、宮島清次郎、松永安左エ門の二大長老と、親分・子分の関係にある」と書いた。宮島は日本工業倶楽部理事長として、松永は電力中央研究所理事長として、死ぬまで働く意思を示していた。

〈この宮島、松永の前では、小林(中)、水野(成夫)、永野(重雄)、桜田(武)は年齢的にも子供である。事実、この四人の実力者は、誰よりも、この二老人を敬愛、同時に、喜んで、訓育されている〉[★5]

安左エ門は、統制を廃し、孤高の民営路線を貫いた電力の鬼として、あまりにも有名だが、戦前はさまざまな業種を渡り歩いてきたプロ経営者だった。

▼▼▼石炭ブローカーで儲けたが、株式相場で無一文

松永安佐エ門は明治八(一八七五)年一二月一日、長崎県の壱岐の島の旧家の長男に生まれた。生家は呉服、雑貨、酒造、網元、船舶輸送、貸金業などを商う大地主であった。

福沢諭吉の『学問のすゝめ』を読んで、その教えに傾倒した安左エ門は上京、一四歳で福沢諭吉の慶應義塾に入った。四年後、父の死で帰郷し家業を継ぎ、安左エ門を名乗る。希代の遊び人である安左エ門がヤクザの女に手を出して刃傷事件を起こしたのは、この頃だ。

家業には興味なく、弟に委ねた。二〇歳の時、学生に戻った。学費を稼ぐため株に手を出していたが、そんな折、諭吉の娘婿で、塾の先輩の福沢桃介と知り合った。桃介は慶應四(一八六八)年生まれで、武蔵国(現在の埼玉県)の出身。希代の才子、桃介と、破天荒な安左エ門は、妙にウマが合い、生涯の盟友となった。

桃介は株で天才ぶりを発揮し、「とうとう相場師になってしまった」と義父の諭吉を嘆かせたという逸話の持ち主だ。

桃介といえば、川上貞奴《さだやっこ》との公然たる愛人関係が有名だ。貞奴は日本の女優第一号として知られ、

オッペケペエ節の川上音次郎と結婚したが死別。女優を辞め、桃介と同棲した。桃介は正夫人と離婚していたわけではないが、あからさまに貞奴との愛人関係を見せびらかした。ちなみに川上貞奴の最初のパトロンは伊藤博文である。

福沢諭吉という巨人の養子になったコンプレックスのなせる業だったろう。〈時事新報の記者で福沢桃介と親しかった大西理平は「福沢先生という着物を裏返しにして羽織ったのが桃介である」と言った。けだし名言である。桃介は独立自尊の先覚者である福沢諭吉への反発から、生涯、偽悪家で通した。「憎まれて、いやがられて世を渡れ。天は人の助けざる者を助く、と言いたく思う」とうそぶいた。〉[★6]

安左エ門は学問に興味が持てず慶應義塾を中退。福沢諭吉の記念帳に「我が人生は闘争なり」と書く。桃介の紹介で日本銀行に入行したが、サラリーマン生活には、なじめずやめた。

明治三四(一九〇一)年、桃介の食客となり、神戸に二人の名前を冠した福松商会を設立、石炭のブローカー業を始めた。談合破りなど荒っぽいことをして、のし上がった。

安左エ門は石炭ブローカーの傍ら、相場に熱中した。日露戦争後の熱狂相場で株価が乱高下していた。兄貴分の桃介の力を借りて、おもしろいように儲けた。

明治四〇(一九〇七)年一月二一日に、歴史的な大暴落(ガラ)が来るなどとは夢にも思わず、横浜鉄道の株式を買い進めた。だが、一月二一日を境に、株価は急落した。

安左エ門と一緒に横浜鉄道株を買い占めていた桃介は、機敏に手仕舞い売りをしていた。まんまと売り抜けたのである。

〈桃介からは「株式相場には執着はもっとも禁物だ。事情が変わったと思ったらグズグスしないで、損をしてもサッと手を引くべきだ」と手ほどきを受けていたが、安左エ門はついつい欲が出た。深追いしすぎてスッテンテンになってしまった〉[★7]。その上、自宅は火災に遭い、無一文になった。

明治四〇年三月、二五〇万円という大勝利を収めた桃介は、相場で大火傷した弟分の安左エ門を伴って高野山にお礼参りに出かけた。陸軍少尉の俸給が月一五円の時代だ。二五〇万円は現在の貨幣価値で二五〇億円に相当する。以後、二人は相場の世界から足を洗い、二人三脚で電力事業に進出した。

▼▼▼ 福博電気軌道を拠点にM&Aを始める

安左エ門がドン底に落ちたのは数えで三三歳の時だ。それで挫けるような男ではない。「人生わずか五〇年。その五〇年まで一七年もある」と心機一転、猛烈に働いた。九州に戻った安左エ門は官営八幡製鉄所に納入するコークスの商いで再生した。

福岡市が市街電車建設に乗り出すよう求めたのが電力にかかわるきっかけとなった。明治四二

（一九〇九）年、福博電気軌道を設立、社長に桃介を据え、安左エ門は専務に就いた。翌年、安左エ門は市会議員に対する贈賄容疑で逮捕される。市電路線認可の斡旋の見返りに株式を譲渡した容疑だ。明治のリクルート事件だ。桃介が動き安左エ門は保釈されたが、留置所暮らしを「麦飯は美味しかった」と豪語した。

ここから安左エ門のM＆A（合併・買収）人生が始まる。水力発電会社の九州電気などを買収しながら、福博電気軌道（のちに九州電燈鉄道）を事業の拠点とした。

一方、桃介は名古屋を拠点とした。明治四二年に名古屋電燈に大株主として乗り込んだのが始まりである。しかし、地元では「よそ者に経営は任せられない」と反発された。

うんざりした桃介は、いったん手を引くが、名古屋電燈が経営不振に陥ると呼び戻され、経営を立て直して社長になる。名古屋電燈は報償契約改定をめぐり名古屋市との関係が悪化していた。

そこで桃介は、大バクチを打つ。名古屋電燈を安左エ門に譲渡するのだ。

大正一〇（一九二一）年、関西水力電気と名古屋電燈を合併して、関西電気を発足させた。安左エ門が関西電気の副社長に就いた。翌年、関西電気が九州電燈鉄道を合併、商号を東邦電力に変更した。中部、近畿、九州に勢力をもつ電力会社が誕生した。

桃介は東邦電力社長に九州電燈鉄道社長の伊丹弥太郎を、副社長に安左エ門を据えて、自身は経営から一歩退いた。社長はお飾りで、桃介は最も信頼できる安左エ門に東邦電力の経営を託したのである。安左エ門、四七歳の時だ。東邦電力は、その後、九州電力、中部電力の母体となる。

桃介は経営の軸足を名古屋電燈の特殊鋼部門から派生した木曽電気興業（大同電力の前身）に移した。大正一〇年、戦前期の業界大手「五大電力」の一角を占める大同電力の初代社長に就き、大井ダムをはじめとする木曽川の電源開発を主導した。木曽川の水力発電所のパイオニアである桃介は電力王と呼ばれた。桃介の電力事業は後の関西電力と中部電力、北陸電力の礎となった。

全国制覇を目指し、東京市場で「電力戦争」

東邦電力の副社長として実質的に経営を取り仕切っていた安左エ門は発電所について、独創的ともいえる方法を取った。水力発電が全盛時代の電力業界にあって、安左エ門は先進的な火力発電所の建設に力を入れ、広範な地域を高圧送電線で結んで電力を供給する方法を採用した。火力発電で大幅なコスト削減を実現し、価格競争で優位に立つことができた。

松永安左エ門は電力の新時代を切り開いたプロ経営者だった。

安左エ門は、東邦電力の本社を東京に移し全国制覇を目指す。

大正一二（一九二三）年に起こった関東大震災で被害を受けた東京、横浜の電力会社は次々と、東邦電力の副社長をしていた安左エ門に助けを求めた。安左エ門は関東の電力会社を買収して興した東京電力（現在の東京電力とは別、通称東力）を全面に押し立てて攻勢に出る。東力は東京の南部と京浜工場地帯に電力を供給する目的で作られた会社だった。

東京に乗り込んできた安左エ門の東邦電力を迎え撃ったのが東京電燈だ。ここに至り、九州、名古屋を経て東上した安左エ門と、東京電燈が激突する。世にいう「東電・東力戦争」である。まさに〝電力三国志〟の覇権争いだ。

鶴見騒擾事件は、この電力戦争に起因する。大正一四年暮れに現在の横浜市鶴見区で起きた乱闘事件だ。一度に五〇〇人以上の検挙者が出たこの事件は、日本最大の喧嘩と呼ばれる。

当時は同じ地域に複数の電力会社が電気を供給しており、激しい競争をしていた。東京電燈は千住火力発電所を建設。対抗して東力は鶴見に火力発電所の建設を始める。鶴見火力の基礎は間組《はざまぐみ》（現・安藤ハザマ）、建屋工事は清水組（現・清水建設）が落札した。工事現場での下請け同士のトラブルが、大喧嘩に発展した。電力戦争の渦中で、下請けも殺気立っていたのである。

安左エ門が東京市場の制覇をめざし、東京電燈に決戦に挑んだ電力戦争を終結させたのは、三井財閥の大御所、池田成彬《いけだしげあき》（後の日銀総裁、蔵相・商工相）であった。

東京電燈の背後に三井銀行の池田成彬、財界世話人の郷誠之助《ごうせいのすけ》（元日本商工会議所会頭）、関西財界の重鎮、小林一三《こばやしいちぞう》（元阪急電鉄社長）が控えていた。

安左エ門は料金のダンピングで東京電燈の顧客を奪っていった。〈安左エ門を小林一三が「壱岐の海賊」と呼び、池田成彬が「財界の共産党」とあだ名した〉［★8］のは、この電力戦争の時だ。

昭和二年（一九二七年）、東邦電力の社長に就任した安左エ門は、これら財界大物たちの調停を受け入れた。東京電燈と東京電力は合併し、血を血で洗う電力戦争は終結した。東京電燈株式の交付を受けた安左エ門は取締役に就いたが、東京電燈を買収できなかったことでは完敗だった。「無理に勝つよりは、上手に負ける方がいい」と負け惜しみの総括をした。

当時、水力発電所（＝電力会社）は全国に六九〇社が乱立し、シェア争いに狂奔していた。九州、中部という地区のブロックの枠を乗り越えた安左エ門のM＆Aに拍車がかかる。東邦電力を中心に九州、関西、東海地方などの電力会社を次々と傘下に収め、最終的には一〇〇社以上の連邦組織を形成した。

結局、電力会社は大手五社に集約された。五大電力とは安左エ門の東邦電力（中部と九州北部がテリトリー）、関東の東京電燈（後の東京電力）、桃介の大同電力（中部）、関西の宇治川電気、同じく関西の日本電力である。東邦電力は五大電力のトップの座を占めた。

昭和七年、安左エ門が支配する企業群の資本金は一四億円に達し、名実ともに日本の〝電力王〟と呼ばれるようになった。時に五七歳だった。

叙勲はヘドが出るほど嫌い候

安左エ門は、戦後、生存者叙勲《じょくん》制度が復活した際の、最初の勲一等瑞宝章叙勲者である。その際、池田勇人首相から料亭で打診された安左ェ門は「人間の値打ちを決めるとは何ごとか」と激高し、帰ってしまった。

池田首相から安左ェ門の説得を依頼された「財界四天王」の一人、永野重雄は、〈(あなたが叙勲を)受けないと生存者叙勲の発足が遅れて、勲章をもらいたい人たちに、迷惑がかかる。あなたが死ねば、いやでも勲章を贈られる。ならば生きているうちに貰った方が人助けになる〉[★9]と説得したため、安左ェ門は不本意ながら叙勲を受け入れることにした。

それでも、安左ェ門は抗議の意思を示すため、叙勲式典は欠席した。

安左ェ門が素直に栄典・栄誉を受けたのは、昭和四三年の慶應義塾創立一〇〇年記念式典で「名誉博士号」を授与された時だけである。

松永安左ェ門は昭和四六(一九七一)年六月一六日、波瀾万丈の生涯を閉じた。享年九六歳。型破りな遺書を、東京電力社長の木川田一隆に託した。

〈死後一切の葬儀・法要はうずく(疼く:傷がずきずき痛むさま)の出るほど嫌いに是れあり。墓碑一切、法要一切が不要。線香類も嫌い。死んで勲章位階(もとより誰もくれまいが友人の政治家が勘違いで尽力する不心得、かたく禁物)これはヘドが出る程嫌い候。財産はセガレおよび遺族に一切剋《く》れてはいかぬ。彼らがダラダラするだけです(中略)。借金はないはずだ。戒名も要ら

ぬ〉［★10］

安左エ門の訃報を受けた佐藤栄作内閣は政府叙勲を即日決定したが、遺族は安左エ門の遺志を尊重して辞退した。師と仰いだ松永に倣って木川田一隆も叙勲を辞退している。

第Ⅲ部

最後の「プロ経営者」と大衆消費時代のパイオニアたち

1 はじめに

昭和二〇（一九四五）年八月一五日、太平洋戦争は終わった。廃墟から繁栄への道に移行する戦後一〇年余の時期に、技術、組織、経営はドラスチックに変わった。占領軍による財閥解体、経営者の公職追放により、財閥家族・財閥企業役員と戦争に協力した大企業の役員、六〇〇〇人近くが退職を余儀なくされた。

公職追放により日本の大企業の経営者の平均年齢は一〇歳以上若返ったと言われる。経営者の世代交代が一気に進んだ。一サラリーマンにすぎなかった若手が急に引き上げられて、源氏鶏太が小説『三等重役』で描いたような時代が出現した。

公職追放で、生え抜き経営者の時代が到来

戦後の日本経済の復興は、彼等「三等重役」が担った。

〝日銀の法王〟と呼ばれた一万《いちま》田《だ》尚登《ひさと》が、第一八代日本銀行総裁に就任したのは、敗戦の翌年の昭和二一（一九四六）年である。公職追放で首脳陣が日銀を去り、大阪支店長から一気に総裁に駆け上がった。

その一万田から「千葉の埋め立て地にペンペン草を生やしてやる」と猛反対されたのを押し切って、川崎製鉄（現・ＪＦＥホールディングス）の初代社長の西山弥太郎は千葉製鉄所を建設した。川鉄の前身は造船大手、川崎重工業の製鋼部門である。川重が解体され、公職追放でトップが退き、五人の取締役の合議制に移行した。最年少の「三等重役」だった西山は、川重の製鉄部門が分離・独立した川崎製鉄の初代社長に就いた。

戦後の高度成長は、川崎千葉製鉄所から始まったといっても過言ではない。最新鋭の製鉄所の成功を見て、鉄鋼業界は一斉に近代化に動き出し、その後の鉄鋼王国・ニッポンを築いた。

財閥に指定された野村證券は公職追放で役員の大半を失った。再出発の陣頭指揮を執ったのは四五歳の若さで社長に就任した奥村綱雄である。京都支店長からいきなり社長の座に就いた。「おれは五等重役だ」とうそぶいた。

奥村はこう言っている。

「やがて野村はローマ帝国になる。ただ、ローマは必ず滅びる。その心を持っていなければならない」

広告の巨人、電通を育てた吉田秀雄は、公職追放でトップが辞任したため四三歳の若さで社長に就いた。吉田は「一、仕事ハ自ラ創ル可キデ、与エラル可キデハナイ」に始まる「鬼十則」を作り、社員に配布した。

このように、いきなりトップになる事例は珍しくはなかった。土光敏夫も、共同出資会社のトップが公職追放にならなければタービン技術者として一生を終え、財界総理にまで登りつめることはなかっただろう。

公職追放の結果、現場出身の内部昇進者が経営陣に選任されたことになったことが、戦後の経営者のありようを決めた。後任は生え抜きの内部昇進者が就くルールができあがった。高度成長を可能にしたのは、終身雇用、年功序列を軸にした従業員中心の経営体制だった。

生え抜き経営者の時代を迎え、プロ経営者の出番はなくなった。戦前は、財閥など株主の発言が強かったため、経営者を外部から招くことがごく普通に行われていた。高度成長期には、株式の相互持ち合いによる企業のグループ化の仕組みが出来上がり、経営者は生え抜きに取って代わった。大企業がプロ経営者を招いたのは、石坂泰三と土光敏夫の東芝が最後といっていいだろう。土光は戦後期の最後の「プロ経営者」だった。

こうした生え抜きのサラリーマン重役が増加する一方で、一九五〇年代に新たに飛躍した企業が、その後の日本経済を牽引した。その典型的なケースが松下電器産業（現・パナソニック）やソニー、キヤノンなどだ。日本を代表するエクセレントカンパニーに成長した。

大衆による大量消費時代を迎えた高度成長期に、松下電器やソニー、キヤノンの製品は消費者を熱狂させた。

松下電器の松下幸之助とソニーの井深大、キヤノンの御手洗毅の三人の起業家はリスクに果敢に挑戦したという点で共通している。財界人やプロ経営者とは、一味違った経済人としての人物像が浮かび上がってくる。

2 火中の栗を拾った明治男の気骨
「財界総理」石坂泰三と土光敏夫

第二代経団連会長・石坂泰三（在任期間は昭和三一年〜四三年）と第四代経団連会長、土光敏夫（同昭和四九年〜五五年）。戦後の財界で最も存在感があった二人は、東芝を再建させたプロ経営者であった。石坂は土光の経営手腕を高く評価し、東芝社長や経団連会長に抜擢。土光もまた一〇歳年上の石坂を師と仰いだ。「財界総理」という言葉が相応しい師弟コンビが戦後の日本経済の発展を支えた。

▼▼▼日本には親父のような財界総理が必要だ

石坂泰三の四男、石坂泰彦（元三菱銀行常務）と、土光敏夫の長男、土光陽一郎（元石川島汎用機械社長）が『文藝春秋』（二〇一五年四月号）で対談している。タイトルは『日本には親父のような財界総理が必要だ』。

二人は、それぞれの父親についてこう語っている。

〈石坂：親父は大企業の社長を幾つか務めてきましたか、よく「俺は生涯一サラリーマンだ」と言っていました。自分はあくまで給料をもらって社長という任務を果たしているんだという意識からでしょう。どれだけ偉くなっても、サラリーマンとしての矜持《きょうじ》を持っていた人でした。

土光：うちの親父も経営者というより技術者なんですよ。技術者は一種の合理主義者であって、いつもいかに無駄をなくすかを考えている。親父は結果的に経営者として成功した

わけだけど、結局は技術者の精神を忘れなかっただけなんじゃないでしょうか〉[★1]

二人が期せずして一致したのは経営者の人間力の衰退という点だ。

〈石坂：（会社の経営というものは）やっぱり最後は人間力だと思うんです。こう言っちゃ失礼なんだけど、年を取ったせいか、今の経営者は「一体何を考えているのかな」と思う人が多いですよね。

土光：時代が変わりましたからね。「財界総理」という言葉もいつの間にか聞かなくなってしまいました。

石坂：そもそも「財界」という存在が必要なのかどうか。財界トップの方が話すのは「こういう製品はいいんだ、いくら売れた」とか自分の会社の話ばかり。土光（敏夫）さんなら、絶対にそんな話はしませんよ〉[★2]

今なお、戦後の財界人として、燦然と光を放っている石坂泰三と土光敏夫のプロ経営者の足跡を辿ることにしよう。

▼▼▼第一生命時代に会得したサラリーマン三訓

石坂泰三は、敗戦後の昭和二一（一九四六）年末、社長を辞めるまでの三二年間、第一生命保険にいた。八九歳の生涯の三分の一近くの間、生命保険の仕事をしてきた。

石坂は明治一九（一八八六）年六月三日、東京・下谷に生まれ。府立第一中学、旧制第一高等学校、東京帝国大学法学部と、お定まりの秀才コースを歩み逓信省（現・総務省）に入省する。四年後の大正四（一九一五）年、逓信省を退官し、第一生命保険に秘書役として入社した。時の貯金局長下村宏（海南、玉音放送の際の内閣情報局総裁）、東大の恩師岡野敬次郎が、人材を求める第一生命社長の矢野恒太のたっての要請で、石坂に第一生命入りを勧めた。泰三自身の言葉でいえば「本人の知らないところで、人身売買が行われた」。

官尊民卑の時代だ。〈「あなたが官吏だからお嫁に来たので、保険屋のところに来たのではありません。だいいちお宅の御主人はときかれて、保険会社ですなんて、きまりが悪い」という雪子夫人の反対にもかかわらず、断りきれなかった。「保険で学位を取るから」と雪子夫人を説得して第一生命に入った。〉[★3]

矢野恒太は日本初の、相互会社方式の第一生命保険を設立した創業者だ。矢野はアクの強い人だった。石坂は後継者として徹底的にしごかれた。矢野の方針で、社内重役は矢野と石坂だけ。社内重役を増やしても、イエスマンにしかならないから無駄。残りの役員はすべて、社外重役にした。財界の錚々たる大物たちだ。大橋新太郎（博文館創業者）、服部金太郎（服部時計店創業者）、森村市左衛門（陶器の森村財閥創業者）、松本健次郎（炭鉱・電機の安川財閥の総帥）、小林一三（阪急・東宝グループ創業者）といった面々である。こうした大物財界人から、取締役会で矢野と石坂はギュウギュウの目に合わされた。

ここで、石坂は財界人の操縦術を会得したと、言われている。後年、本人はこう述懐している。

〈ぼくは第一生命時代、随分老人連のわがままに悩まされてきた。何しろオン大の矢野恒太先生自体が自信家で、頑張り屋で、おまけにたいぶんなアマノジャク派ときていた。（中略）そのムリをご無理ごもっともで拝承するところに、勉強になることがあった〉［★4］

石坂が「俺は生涯一サラリーマンだ」と口にするのは、矢野に仕えたことと無関係ではない。石坂はサラリーマン三訓を書き残している。

〈青年はすべからく素直たるべし。壮年はすべからく狸芸に出るべし。老人はすべからくいよいよ横着に構えて、にくまれることを覚悟すべし〉［★5］

石坂は、わがままな老人たちに素直に仕え三五歳で取締役、狸芸に磨きをかけ四八歳で専務、昭和一三（一九三八）年に五三歳で社長に就任した。在任中に、業界中堅だった第一生命を日本生命に次ぐ業界二位の大手に成長させるなど経営の才を大いに発揮した。

サラリーマン石坂の行動は慎重だった。前章で取り上げた帝人事件は生保会社の帝人株式買収にからむもので、その立役者の正力松太郎（読売新聞社社主）、河合良成（小松製作所会長）らは東大の学友だった。富国徴兵保険（富国生命）の小林中が巻き込まれたのに、第一生命の石坂は渦中に入るのを避けた。

石坂泰三と小林中はツーカーの仲だった。帝人事件に関与しなかったことが分水嶺となった。石坂が財界の表舞台に上がり経団連会長を務めたのに、小林は「財界四天王」という裏組織のリーダーの一人に甘んじた。

マッカーサーに盾突いた硬骨漢

石坂を語るとき、その硬骨漢ぶりを示す逸話にはこと欠かない。戦後、それまでの堅実、細心な行動が一変する。「横着に構えて、にくまれることを覚悟」したのだろう。日本を占領した米軍総司令官ダグラス・マッカーサーに盾突いたことでも知られている。

東京・日比谷の第一生命ビルがGHQ（連合国軍総司令部）に接収された。マッカーサーが社長室を総司令室として使っていた時、部屋の調度をえらく気に入って、「この部屋を使っていた人間に会いたい」と言ってきた。話を伝え聞いた石坂は「いかねえよ。用があるなら、（マッカーサーが）こっちへ来ればいい」と言って、とうとう行かなかった。

二〇〇〇日間、星条旗がひるがえっていた第一生命ビルは、石坂が社長に就任した年（昭和一三年）に完成した。

マッカーサーの意向を突っぱねたのが災いしたのだろうか。石坂は追放の仮指定を受けた。そのため、昭和二一（一九四六）年一二月、慰労金、退職金なしで第一生命の社長を辞し、社長を矢野恒太の長男の一郎に譲った。

第一生命のサラリーマン社長として一流だったが、そのまま引退していたら、石坂が歴史に名を残すことはなかっただろう。

経済界にその存在を強く認識させたのは、第一生命退社後、約二年の浪人生活を経て、東京芝浦電気（東芝）社長に就任してからだ。プロ経営者として東芝で辣腕を振るったことが、「財界総理」の座をたぐり寄せた。

東芝に〝首切り人〟として送り込まれる

戦後のパージの嵐が吹き荒れ、企業経営者の世代交代が、急激に進んだ時代だ。パージされて生活は困窮し失意の日々を送っていた石坂は、特高警察官が「石坂さんは自由主義者としてブラックリストに載っていた」と証言したことで、追放の仮指定が解けた。

これを待ち受けていたのが帝国銀行（財閥解体で三井銀行から商号変更）社長の佐藤喜一郎である。取引先の東京芝浦電気の経営が悪化の一途を辿り、銀行は返済のあてのない借入金をこれ以上増やすことはできなくなっていた。設備と人員を切り、身軽になった上で再出発を図るしか生き残る道はなかった。

一時期、一〇万人を超す社員を擁した東芝も、戦後は二万八〇〇〇名にまで激減し、鍋や釜を作って糊口《ここう》をしのいでいた。当時の東芝は、産別労働運動の本拠地であり、労働争議が頻発していた。とりわけ人民政府を目指す共産党が指導する東芝労組は「ストと赤旗と労働歌」が支配する組合として名が通っていた。

労組員からスリッパで頬を叩かれた重役もいれば、頭に火がついた巻きたばこをおしつけられ、火ぶくれをこしらえた重役もいた。東芝生え抜きの経営者では労組に太刀打ちできなかった。

メインバンクの帝国銀行の佐藤が東芝の〝首切り人〟に選んだのが石坂だった。かつて、東芝の大株主である第一生命を代表して、東芝の社外取締役を六年間近く務めていたことが、「社長は東芝在籍五年以上の者から選ぶ」という条件を満たしていたため、白羽の矢が立ったのだ。

浪人の身から、ようやく出番が回ってきたが、慎重な石坂は二つ返事で引き受けたりはしなかった。財界人たちに相談した。

〈一万田(尚登)日銀総裁は「東芝は一度つぶしたほうがエエ。君が東芝に入っても、ワシは応援しまシェン」と強く引き止めた。宮島清次郎も小林中も、向井忠晴(旧三井財閥の指導者)も消極的だった。ただ一人、山下太郎(戦後、アラビア石油を創立。当時は満州太郎と呼ばれていた)だけが「やりなさい。いまはどん底だが、日本の産業界はかならず復興する。電機はその柱になる」と言った〉[★6]

結局、石坂は山下のすすめに乗り、昭和二四年(一九四九年)四月、東芝社長に就任した。六二歳の時だった。

社長就任、三カ月後に大量の人員整理を通告

東芝は日本の労使決戦の天王山といわれた。石坂の仕事は首切りである。どうしても六〇〇〇名の解雇が必要になる。石坂は徒手空拳で組合にぶつかった。これまで重役は組合から逃げ回り、夜は組合員が自宅に来襲するのを避けてホテル住まいだった。

社長に正式に就任する前、石坂は単身で組合事務所に出かけ、「今度社長になる予定の石坂です」と挨拶した。こうして交渉相手と意思を疎通するためのパイプを築いた。どうすれば、会社を再建できるかという、具体案を組合に提示した。政府が融資を斡旋するような再建案を練り上げ、そのためには六〇〇〇名の解雇が必要であると組合幹部を説得した。自宅に押しかけてきた組合員を門前払いすることなく、自宅に入れて、諄々と説いた。

社長に就任して、三カ月後の七月に二万二二〇七人のうち四五八一人の整理を労組に通告した。七月五日に団体交渉がはじまった。労組は七月二二日、川崎駅前で人民大会を開き、闘争宣言を発した。世紀の大争議に発展するはずだったが、意外の展開を見せる。七月末には希望退職者は九割を超え、この年の一一月一六日、東芝の労使は和解の協定書に調印した。

労働争議が終結したのは下山事件が原因だった

後年、石坂は東芝の労働争議が終結したのは、下山事件があったからだと語っている。

昭和二四(一九四九)年六月に再発足した日本国有鉄道は一〇万人の人員整理を行った。労働組合は当然、これに激しく反発し、ストライキが繰り返された。その最中の七月七日、国鉄総裁の下山定則が常磐線の線路上で轢死体となって発見された。下山事件である。つづく七月一五日、中央線三鷹駅で無人電車が暴走し六人が死亡した。三鷹事件である。さらに八月一七日には東北本線松川付近で列車が転覆する松川事件と、原因不明の怪事件が相次いだ。当時、国鉄労働組合の共産党員が、これらの事件に関与したと噂された。

中島誠は雑誌『現代の眼』で雑誌『財界』（一九七二年六月一五日号）の記事を引用して、石坂と経済評論家、三鬼陽之助とのやり取りを記録している。

〈三鬼：あなたは、それが口癖で東芝再建の話でも、オレがやったんじゃない、朝鮮動乱や、下山事件があったからだと言われる。

石坂：本当なのですよ。下山さんが殺されて労働攻勢が鈍ったんですよ。次は僕が殺される番だったらしいよ。だから、一度、下山さんのお墓にお参りしなくてはと思ってます。〉［★7］

石坂の言葉を使えば、「下山さんが殺されたことで、労働組合がいじけちゃった」ため、人員整理を大きな抵抗もなく達成できたというのだ。

そして翌昭和二五（一九五〇）年に朝鮮戦争が勃発すると、戦争特需で東芝は急速に立ち直る。

石坂の持論は「経営者はラッキーな男でなければならない」だったが、石坂自身がラッキーな男だった。

財界総理が嫌ったのは保護主義と政治家

東芝の労働争議を解決したことから、「経団連会長に石坂を」と財界の世論が高まった。この舞台回しをしたのは、宮島清次郎門下の小林中、桜田武の財界主流派の面々だった。石坂は固辞するが、「三分の侠気のしからしむところ」と述べ、結局、引き受けることにした。

昭和三一（一九五六）年二月、第二代経団連会長になった。七〇歳だった。四期八年会長職を務め、「財界総理」の異名をとる。

石坂泰三は経団連会長として、こまめに財界の世話を焼いたりしなかった。だからといって、隠然と政財界ににらみをきかしたりもしなかった。資本主義の維持、日米経済協力の推進に反する政財界の動きには、鋭い批判を加え、自由主義経済の大道を守ろうとした。

当時の産業界の重要な課題は、貿易・資本の自由化であった。保護主義に慣れ切っていた産業界は、石坂の古典的な自由主義経済に基づく主張に恐れをなした。

石坂は「言語明瞭」な人である。そのせいで経団連会長に就任早々、嵐を呼んだ。「経済の基本は、まず豊かになること。日本経済のポテンシャリティを信じ、拡大に全力を注ぐと同時に、経済秩序、道義、企業モラルの確立を図る。外国人が四〇億、五〇億の株を取得したとしても大したことではない。（外国人の株取得の）制限を撤廃して堂々とやるべきである」。

この発言が、自由化に対する慎重論が根強かった政財界と、政財界と結託していた通産官僚の反感を買った。石坂は自由化恐怖論に対し「大人がチャンチャンコを着て、乳母車に乗っているようなものだ」と冷やかし、さらに彼等の神経を逆撫でした。

石坂は政治嫌いと言われた。前章で取り上げたが、経団連会長になりたての頃、鳩山一郎首相の退陣を申し入れ、鳩山政権の最高実力者、河野一郎農相に一喝され、尻尾を巻いて引き下がったことが原因だとの指摘もある。

それだけに河野一郎嫌いは徹底していた。河野が「どうしても会いたい」と言ってきたとき、「俺は絶対会わない」と突っぱねた。間に入った人が困って懇願すると「俺は何も話さない」と言って、本当に三〇分間話をしないで会ったという逸話が残っている。

前出の『日本には親父のような財界総理が必要だ』で石坂泰彦はこう語っている。

〈石坂：日銀総裁や国鉄総裁にも請われたけれど、全部断っていました。昭和二八年には、わりと親しかった吉田茂総理から「必親展」の手紙が来て、大蔵大臣就任の要請がありましたが、これも断っています〉。

最大の功績は東芝と経団連会長に土光敏夫を起用したこと

石坂は人事を重視したが、無理はしなかった。東芝社長と経団連会長の後継者の意中の人は土光敏夫だった。石坂と土光の関係は浅からぬものがあった。土光が合弁会社、石川島芝浦タービンの社長に就任した時からの付き合いだ。昭和三二(一九五七)年、石坂は東芝社長のポストを生え抜きの副社長、岩下文雄にバトンタッチするにあたり、石川島重工業社長の土光を東芝の社外取締役にした。石坂も石川島の社外取締役になるという交換条件を出して、土光を社外取締役に据えたのである。

石坂は土光の合理主義経営を高く評価していた。土光は一〇歳年上の石坂を師として仰いだ。本当は、石川島重工を日本一の造船会社にした土光を、自分の後継社長にしたかったが、ゴリ押しをしなかった。

昭和四三(一九六八)年五月、経団連会長も辞めた時も同様だった。土光を後継者にしたかったのに、企業経営の経験がない経団連事務局長の植村甲午郎《うえむらこうごろう》にポストを譲った。小林や桜田ら財界主流派が御しやすい人物として植村を推した。石坂は最初から争うつもりはなかった。

経営者の最後の仕事は後継者を決めることにあると言われている。だが、石坂は東芝も経団連も後継者の選定に失敗した。東芝も経団連も、一人おいて、ようやく愛弟子の土光敏夫に引き継ぐことができた。

企業経営者としては石坂を超える名経営者はいくらでもいる。政治嫌いの石坂は経団連会長としての重要な仕事である政治家とのパイプづくりといった面倒なことは一切しなかった。それでも圧倒的な存在感があったのは、各論反対に走りがちな産業界を、確かな見通しをもって総論で束ねるという、強力な指導力を発揮したからである。

「財界総理」。今では死語となったこの言葉は、大局観をもち、気骨のある石坂にぴったり当てはまった。

石坂泰三は昭和五〇（一九七五）年三月六日に死去した。享年八八。弔辞は親族で相談して土光一人だけにお願いした。

「時として、我々の頭上に落ちた雷のごとき一喝。あの骨を刺すがごとき痛烈なる諧謔《かいぎゃく》。そして又、後輩へのやさしいいたわりと励ましの言葉。限りなく思い出されてなりません」

「財界総理」石坂泰三は、プロ経営者土光敏夫を世に出した。これが石坂の最大の功績である。

冒頭で触れた「文藝春秋」の対談「日本には親父のような財界総理が必要だ」の中で土光陽三郎はこう語っている。

〈土光：親父は石坂さんにずいぶん世話になったんですよ。東芝社長はどうか、経団連会長はどうか、と引き上げてくれたのは、すべて石坂さんです。過去のことはほとんど話さない人でしたが「石坂さんがいなければ、今の自分はいない」ということはよく言っていましたね〉

▼▼▼国民に感動を与えた「メザシの土光さん」

「メザシの土光さん」が、一躍、有名になったのは、昭和五七（一九八二）年の夏に放送されたNHK特集「85歳の執念　行革の顔　土光敏夫」というテレビ番組だった。実は、行政改革を推進するための宣伝として企画されたものだったが、土光の私生活の見事なまでの「つましさ」に番組を見た人々は驚かされた。

横浜市鶴見区の古びた小さな家に住んで、散髪は自宅で息子が行う。つぎはぎだらけの帽子。戦前から使用しているクシ。使い古された歯磨き用のコップ。使い古したネクタイが農作業用のズボンのベルト代わりになっていた。そして、妻と二人きりで食べるメザシと麦飯の夕食。この映像が「メザシの土光さん」のイメージを定着させた。

五〇〇〇万円近い年収のうち、一カ月の生活費に使われるのは一〇万円程度しかない。収入のほとんどは、母親が創立した橘学苑（現・橘学苑中学・高校）という女子中学校のためになげうった。経団連会長まで務めた土光のあまりにも清貧な生き方は、国民に感動を与えた。

敏夫の長男、陽一郎によると、「子どものころからメザシをたくさん食べていたが、父の好物は、郷里岡山の名産、ママカリの鮨やタイの浜焼き」だったという。

私生活は質素で無駄を省くべし、企業もまたしかり。が、土光の持論であった。企業家としての土光は「怒号」とあだなされるほど強面の人だった。その地声は大きく、興奮すると机を叩くくせがあり、比叡山の荒法師をおもわせる風貌は迫力満点だった。土光に怒鳴られた役員は、みな縮みあがった。

▼社員は三倍、重役は一〇倍働け

「どうしても東芝の社長を引き受けて欲しい」

生涯の師と仰ぐ経団連会長で東京芝浦電気会長の石坂泰三から、昭和四〇（一九六五）年五月に東芝の再建を頼まれた。石川島播磨重工業の再建社長として、がむしゃらに働いてきた土光だ。いかに、石坂の頼みといえども、即答はできない。東芝は石播の三倍も企業の規模が大きい。土光は回答まで一週間の猶予をもらった。

石坂が土光に再建を托したのは、東芝が深刻な経営危機にあったからだ。危機の根本原因は企業体質に根ざしていた。社長の岩下文雄は、社長専用の浴室、トイレ、隣室には調理場を作り、専属コックを置いた。トップが華美に溺れると、組織は頭から腐る。石坂は岩下の更迭を決断した。土光は東芝に有能な人材が多いから再建できると判断、社長を引き受けた。この時、六八歳。しかし、土光を迎えた東芝の役員室は冷ややかなものだった。誰も口をきかない。それでも一度やると引き受けた以上、とことんやり抜くのが、土光の真骨頂だ。

社長に就任して初の取締役会で、役員たちを一喝した言葉は、今でも語り草になっている。

「社員諸君には、これまでの三倍働いてもらう。役員は一〇倍働け。私はそれ以上働く」

当時の重役は朝一〇時ごろ出勤し、夜は銀座で接待を受けるのが当たり前だった。そんなだらけた雰囲気を一掃し、先陣を切って働くと土光は宣言したのである。

〈東芝改革には一切の遠慮と妥協を断ち切った。それを象徴するのが〝岩下御殿〟の打ちこわし作業だった。

「ガーン、ガーン、バリバリ……」と、耳をつんざく社長室解体工事の大騒音がぬるま湯体質の東芝の風土を粉砕した〉［★8］

公約通り、土光は率先垂範して一〇倍以上働いた。午前四時に起床、仏間で三〇分、読経（土光は日蓮宗の熱心な信者だった）。それから散歩して庭で木刀の素振り、野菜ジュースとヨーグルトの朝食をとって七時半に出社。ゴルフもやらず、料亭も大嫌い。朝早くから夜遅くまで働きづめで、無駄な時間を過ごすことはなかった。

モーレツ経営者に悲鳴をあげた東芝のエリートたち

土光の生活パターンは石播時代とまったく変わることはなかった。これに真っ先に悲鳴をあげたのが東芝の役員たちだった。それまで午前一〇時に出勤していた役員のなかには、わざわざホテルに泊まって、早朝出勤する役員も現れ、〝土光哀史〟と皮肉られた。

「会社で働くなら知恵を出せ。知恵のないものは汗を出せ。汗も出ないものは静かに去って行け」

元祖モーレツ人間である土光は部下に会社人間になることを求めた。部長クラスに対するしごきはすさまじかった。無理難題と思われることでも要求し、できなければ口汚くののしった。今なら、パワハラで問題になりかねないほどだった。

〈「何だ、これしきのことが、まだできないのか。そんなに役立ずなら、もう死んでしまっていい……」

〝殿様の気風〟が強い東芝の社員達は誰しもが落ち込んでしまった。気の弱い管理職が次々とノイローゼにかかったのも無理はない。

役員人事に際し土光は役員候補にこう申し渡した。

「君を役員に推薦したいのだが、もし役員になると家庭生活は完全に犠牲になる。その覚悟があるかどうか。奥さんとよく相談して、一週間後に返事をしてくれたまえ」

晴れて名門、東芝の取締役になれるのだから、役員候補は全員、受託すると報告してきた。ところが、数ヵ月もたたずに脱落する人が相次いだ。それほど土光の〝管理職しごき〟はすさまじかった〉[★9]

大きな仕事が目の前に置かれると、「できない、無理、難しい」と拒否反応を示し、できない理由をあれこれ述べるサラリーマンが少なくない。土光は、「個人の能力には大きな差はなく、あるのは根性と持続力の差だ」と考えた。

東芝の経営再建を見事にやり遂げた土光ほど「執念」という言葉が似つかわしい経営者はいない。有名な言葉が残っている。

「やるべきことが決まったならば、執念をもってとことんまで押しつめよ。問題は能力の限界ではなく、執念の欠如である」。

この発言は、土光の青年期の体験に根差している。

中学、工専の受験に四回失敗した挫折

土光敏夫は明治二九（一八九六）年九月一五日、現在の岡山市北区で肥料仲買商、菊次郎、登美夫妻の次男に生まれた。

「暮らしは低く、思いは高く」を貫いた土光の精神形成に大きな影響を与えたのは母、登美である。「備前法華」というように岡山県は日蓮宗が盛んな地域だ。父母は信仰心篤く、土光も熱心な信者だった。土光はこう回想する。

「思うに母は毎日、日蓮宗の行をしていて、女子教育をやらなければならないとの啓示を得たのではなかろうか」

女子教育の必要性を感じた登美は七〇歳の昭和一六（一九四一）年に独力で横浜市鶴見区に橘学苑を開校した。校訓は「正しきものは強くあれ」。敏夫は母の気性を強く受け継いだ。土光の収入のほとんどは学校への寄付に消えた。

土光は幼少期、がき大将で鳴らしたが、青春時代は蹉跌の連続であった。岡山県の秀才が集まる県立岡山中学の受験に三度失敗し、私立関西《かんぜい》中学（現・関西高校）に入った。ここで校長の山内佐太郎に、「至誠を本とすべし、勤労を主とすべし、国士魂を養うべし」と徹底的に仕込まれた。

「僕の心中には、山内さんの薫陶が今に生きている」と土光は後年、経団連会長時代に、こう語っ

ている。

卒業後、蔵前高等工業（高専、現・東京工業大学）に挑んだ。競争率は一二倍。ここでも受験に失敗した。これが四度目の挫折だ。

普通はこれで、くじけてしまうものだが、土光は、ここでようやく目覚める。生半可な勉強では世の中で通用しない。目的達成のためには常に全力を傾ける。初めて土光は、本気で勉強する気になった。母校の小学校で代用教員しながら毎夜、学校の宿直室で猛勉強した。

その甲斐あって、翌大正六（一九一七）年、めでたくトップで蔵前高等工業の機械科に入学した。旧制中学、高等工業（高専）の受験の失敗で、すでに大半の同級生より三歳年上になっていた。兄貴分のような存在だった。

土光は後年、自分の過去を語らないことで有名だった。受験での落ちこぼれでは、人に誇れたものではない。土光のとことんやり遂げる執念は、青年期の挫折体験によって形成されたといって過言ではない。

本家、モーレツ・サラリーマンが誕生

大正九（一九二〇）年、土光の社会人として出発点は、東京石川島造船所という小さな会社だった。学生に人気だったのは初任給の高い三井、三菱の財閥系と満鉄だった。満州鉄道は月給一〇〇円と

いう高給だった。兄貴分で親分肌の土光は生長（級長）として同級生の落ち着き先を見送り、最後に残った石川島を選んだ。初任給は四五円と低かった。

蔵前高等工業ではタービンの基礎を勉強した。石川島に入社後もタービン一筋に歩む。タービンの国産化を目指し大正一一（一九二二）年、スイスのエッシャーウイス社という最先端企業に研究留学するチャンスを得た。

帰国後、国産化した発電機用タービンを秩父セメントに売り込んだ。「国産だからダメ」といわれて憤慨し、一技術主任でありながら「万一、欠陥が判明したら引き取る」という、相手側の条件を即座に了承した。若造の土光の、いわば越権行為に対して、社内は非難轟々だったが、会社幹部は留学帰りの土光に賭けた。土光は食前食後にタービン漬けの日々を送った。ひどい近視のため、軍隊への入隊を免除され、帰宅する途中でも、軍服姿のまま会社に寄って残業した。モーレツ・サラリーマンの誕生である。

土光の奮闘が実り、受注が急増した。昭和一一（一九三六）年、芝浦製作所（現・東芝）と共同出資の石川島芝浦タービン（現・IHIシバウラ）が設立されると技術部長として出向した。そして太平洋戦争。敗戦。パージでトップがいなくなり、昭和二一（一九四六年）二月、社長に就任した。土光四九歳。公職追放により、取締役にもなっていない三〇代、四〇代社長が続出していた時代だから、土光は決して若すぎる社長ではなかった。

新米社長は資金繰りに奔走する日々を送った。第一銀行本店に乗り込んで、営業部次長の長谷川重三郎（のち頭取）に「今日は、どうしても融資してもらわなければ困る。弁当を用意してきたから夜明けまでがんばりますよ」と駅弁をどさっと広げてみせ、とうとう融資を取り付けることに成功したという、武勇伝が残る。

通産省でも補助金を引き出すために同じ手を使い、「また、悪僧がきた」と煙たがられた。すでに頭がはげ上がり、比叡山の僧兵か海賊の末裔かと見まかうばかりの形相で陳情したからだ。そのモーレツな働きぶりから「土光タービン」とあだ名された。

機先を制する威嚇の術

子会社で奮闘する土光に思わぬ運命が訪れた。石川島重工業と名前が変わった親会社が、戦時標準船の改装工事で損失を出し、無配に転落した。土光の意向を尊重する余地はない。「しょっぴかれるように」（本人の弁）石川島重工業の社長の座に据え付けられた。再建会社の社長人生の始まりである。

土光が正式に石川島重工業の社長に就任したのは、昭和二五（一九五〇）年六月二四日。土光、五四歳。その翌二五日に、朝鮮戦争が勃発した。朝鮮戦争特需が、その後の日本経済の復興に大きく貢献した。

山本五十六聯合艦隊司令長官の「やってみせ、言ってきかせて、させてみせ、ほめてやらねば、人は動かじ」という言葉を好む土光の打った手は、徹底した合理化の率先垂範だった。

就任するとすぐに、役員だけでなく、一般社員が持っていた伝票や領収書の類をことごとく社長室に運び込ませた。伝票の山をバックに社員の一人一人を順番に呼び入れた。脛にキズもつ社員は多い。社内はパニック状態になった。

これだけのことで、効果はてきめんだった。翌月から経費は、半分から三分の一に減った[★10]。社長が自ら伝票をチェックしたという伝説が生まれたが、土光は後日、「伝票や領収書をただ集めただけのこと。目を通してはいない」と打ち明けている。土光が得意とする相手の機先を制する威嚇戦術の一つである。

土光流合理化で「日本一のケチ会社」といわれた石川島は、おりから朝鮮戦争特需で業績が急回復した。

思わぬ落とし穴もあった。朝鮮戦争が終わり、造船不況がやってきた。政府の利子補給を巡って、巨額のリベートが政界に還流した造船疑獄で土光も逮捕、拘留された。最終的に不起訴処分となった。担当検事は質素な家から電車で通勤する土光を見て「この人は違うなと直感した」という。

土光の石川島の再建を請負うプロ経営者としての最大の仕事は、昭和三五（一九六〇）年七月の播磨造船との電撃的合併だった。新社名は石川島播磨重工業。略称はＩＨＩ（二〇〇七年七月付で略称としていたＩＨＩを正式社名にした）。合併会社の社長に土光は就いた。

昭和三七（一九六二）年から三年間、進水量で相生第一工場が世界一になった。真藤恒（後の社長、その後、ＮＴＴ社長になる）という天才エンジニアを起用してズングリムックリした低コストの経済船を開発し、受注競争に勝ち抜いた結果である。おかげで土光は「ミスター・ダンピング」といわれた。

東京オリンピックの年の昭和三九（一九六四）年、「思い残すことなし」と語り、社長を田口連三に譲った。「真っ先に考えたのはブラジルへの移住」だった。会社が息を吹き返したのは、石川島ブラジル造船所を設立してからだ。老後はブラジルで過ごすことに決めていた。

よもや東芝社長、経団連会長、臨時行政調査会会長になるなどとは考えてもみなかった。

「ラッキーな男」だった

土光敏夫は、石坂泰三同様にラッキーな男だった。

金融引き締めによる大不況に喘いでいた昭和二五（一九五〇）年に石川島重工業の再建社長に就任した翌日、朝鮮戦争が勃発し、その特需によって会社が息を吹き返したことはすでに触れたとおりである。

東京オリンピック特需の反動による「昭和四〇年不況」の最中に東芝の再建社長に就いた時も、

またもや幸運の女神がほほ笑んだ。間もなく、「いざなぎ景気」が到来したからである。無事、再建を果たし、玉置敬三に後事を託したが、またまた、土光に出番が回ってきた。日本経済団体連合会の第四代会長に推されたのである。

昭和四八(一九七三)年秋、第一次石油ショックが勃発した。一瞬のうちに、トイレットペーパーが店頭から消えた。企業は「千載一遇のチャンス」とばかりに、製品を抱え込み、値段が暴騰すると、すかさず売り抜け、莫大な利益を得た。狂乱物価に対する国民の批判の矛先は、財界の総本山の経団連に向かった。降りかかった火の粉は振り払わなければならない。

経団連会長は植村甲午郎だった。調整型で非常時には向いていない。植村は修羅場に強い副会長の土光に会長就任を打診した。土光は固辞した。副会長としても、本来、言うべき発言は控えてきたが、それには理由があった。

石坂泰三が、経団連会長を退任する時、自分の代わりに土光を副会長に押し込んだ。「会長(石坂)の独断は許せない」と、当時の財界人は大騒ぎになった。経団連の副会長には、経団連にある各委員会の委員長経験者しか昇格できないという、不文律があったからだ。副会長に就任するときでさえ、内部からクレームが相次いだ。このうえ、会長となれば、猛反対が起きることは目に見えていた。

植村は、「経団連副会長たちへは自分が根回しするから」と石坂に言い、石坂に土光を説得するよう依頼した。石坂は土光にこう呼びかけたという。

〈君は大工の棟梁としては一流になったが、このまま終わるつもりかね。樹木と同じで、人生には必ず節目がある。これからは一企業のワクを越えて、国家という巨大なビルづくりをやってみてはどうか……〉［★11］

昭和四九（一九七四）年五月、土光は第四代の経団連会長に就いた。七七歳の、遅咲きの「財界総理」である。土光は「行動する財界」に変身させるという使命を帯びていた。

このときもラッキーだった。日本経済は「ジャパン・アズ・ナンバーワン」といわれる黄金期を迎えていた。

どんなポストでも根性と執念でやり遂げるのが土光流

正論居士で一徹の土光敏夫を時代が必要とした。三期六年で経団連会長を稲山嘉寛（新日本製鐵会長）に譲り、「ようやく楽ができる」と思ったら、行政管理庁長官の中曽根康弘に引っ張り出され、昭和五五（一九八〇）年、第二次臨時行政調査会会長に就任した。「増税なき財政再建」を基本理念とした最終答申を出して解散すると、今度は臨時行政改革推進審議会の会長をやってくれと頼まれた。

このポストは日経連会長を務めた大槻文平に託して、ようやく引退した。

「私はどのようなポストでも、一度引き受けたからには全知全能を傾けて全うします。それが私の流儀です」

土光は根性と執念の人だった。理路整然と卓説を論じるインテリでは決してなかった。そのため、石坂に推されて経団連会長になった時も、インテリを自認する知性派財界人とは肌が合わなかった。モーレツ教教祖の土光の気迫と迫力に圧倒され、息苦しさを覚えたのだろう。「書生っぽ」と批判する土光嫌いの財界人は少なくなかった。

土光は、そんな口舌の徒のインテリを心底嫌った。「大学卒はろくな奴がいない。とくにエリート大学出の秀才面をしている奴がいけない」というのが本心だった。土光は、インテリ経営者ほど優柔不断で、決断と実行力に欠ける人種と見ていた。

現在、土光が心底嫌ったインテリ経営者ばかりになっている。日本経済が長い低迷から浮上できないのは、「メザシの土光さん」のような根性と執念を失ったことに深く根ざしている、といって間違いあるまい。

九〇歳で民間人として初めて勲一等旭日桐花大綬章に輝いたが、叙勲の場には車いすで臨んだ。

〈病床で発表した「私は『個人は質素に、社会は豊かに』という母の教えを忠実に守り、これこ

そが行革の基本理念であると信じて、微力をささげてまいりました」というコメントは、いかにも土光のものだった〉[★12]

土光敏夫は昭和六三（一九八八）年八月四日、老衰のため亡くなった。享年九一歳。「公」に殉じた精神の見事さは、昭和の偉人というにふさわしい。

不適切問題を抱える東芝は二〇一五年六月二五日、暫定的な株主総会を開き、外部の調査委員会の結論を待って九月に決算を承認する正式な株主総会を開くこととした。「現場を直視した土光さんの時代に戻って欲しい」。株主からはこんな声が相次いだ。創業以来最大の危機に陥った東芝が今必要とするのは、土光さん（のような人）なのだ。

3 大衆消費時代のトップランナー
煉獄の日々から立ちあがった松下幸之助

松下幸之助は敗戦ですべてを失った。財産を失い経営パートナーも失った。

昭和二〇年八月、戦争が終わると、幸之助は直ちに平和産業への転換を表明。翌年初めまでに家電製品を市場に供給する体制を整えた。しかし、二一年になると、松下は制限会社、財閥家族、賠償工場、公職追放、持株会社の各指定を受け、軍需補償を打ち切られた。昭和二二年には集中排除法の適用会社となった。

幸之助はこれを不当としてＧＨＱ（連合国軍総司令部）に五〇回以上にわたって嘆願、更に、公職追放については、昭和二一年一月に結成された松下電器労組の「社長追放除外嘆願運動」が功を奏し、二二年五月までに解除された。

しかし、他の条件は残ったままだったから、松下の経営はさまざまな制約を受け、昭和二三年には従業員の給料や賞与の支払いにも窮することとなった。二四年には従業員は半減し、三五〇〇人となってしまった。幸之助自身も資産が凍結されたことから、昭和二四年には「物品税滞納日本一」と報じられるほど、苦境に陥った。

「それでは一つの会社の社長として体面を保てません。そこでやむなく、親しい友人でありました寿屋（現・サントリーホールディングス）の鳥井信治郎さんなど何人かの友人に、月々の生活費を借りて回りました」と幸之助自身が語っている。二〇〇〇万円の私財を失い、七〇〇万円の借金を抱えていたという。現在の貨幣価値に換算すると四〇億円の私財を失い、一億四〇〇〇万円の借金を抱えたことになる。

幸之助が煉獄の日々を過ごした時期だ。

▼▼▼松下家と井植家の同族経営

松下幸之助は国民的な人気を誇る企業家である。人気の高い第一の理由は、丁稚奉公から身を起こし億万長者になった「昭和の今太閤」ぶりに、人々が夢や希望を感じたからである。第二は彼が産み出した洗濯機、冷蔵庫、テレビなどの製品が生活の豊かさに直結する大衆消費財であったことだ。幸之助が素材産業の経営者だったら、庶民にとって、これほど身近な存在にはならなかっただろう。

松下幸之助は明治二七（一八九四）年一月二七日、現在の和歌山市に生まれた。実家は代々の旧家だったが、幸之助の幼少期に父親が米相場で失敗し、貧乏のどん底に突き落とされた。そのため、小学校も満足に卒業しないまま、大阪の火鉢屋に丁稚奉公に出された。

奉公先は火鉢屋から自転車屋、大阪電燈（関西電力の前身）の見習い工に変わった。改良ソケットを作って独立し、大正七（一九一八）年、阪の大開町に松下電器製作所を創業した。二畳と四畳半の二間の借家、四畳半を土間に改造して作業場にした。幸之助、二三歳。妻むめの、二一歳、むめのの弟・井植歳男、一五歳。わずか三人でスタートした。

この〝町の発明家〟は、昭和初期に大阪の門真市に松下電器の工場群を建て、戦前に少壮実業家として成功していた。

よく知られているように、三洋電機の創業者、井植歳男と、歳男を支えた祐郎、馨の三兄弟は幸之助の義弟である。妻・むめのが弟三人を淡路島から呼び寄せ、幸之助の仕事を手伝わせたのが始まりだった。

昭和一〇(一九三五)年、幸之助の個人経営から、株式会社に発展した松下電器産業には、井植三兄弟をはじめ、むめのの二人の妹の夫や井植家の親戚が役員や幹部社員に名を連ねていた。松下電器のオーナーは幸之助だが、松下家と井植家の連合体の経営だった。

松下幸之助と井植歳男の決別

井植歳男は松下電器の創業以来、幸之助の右腕として働いてきた。それは敗戦まで三〇年間続いたが、戦後間もなく、二人は袂《たもと》を分かった。

松下幸之助と井植歳男が、なぜ、決別したのかは謎に包まれている。

敗戦が両者の仲を引き裂いたのは確かだ。戦時中の昭和一八(一九四三)年、松下電器は軍部の要請で松下飛行機、松下造船を設立して、木製飛行機や木造船をつくった。両社の社長には井植歳男がなった。歳男は松下電器本体の専務でもあった。戦争末期には松下グループのうち七社が軍需会社の指定を受けていた。大手の製造業は、ほとんどが軍需工場に転換させられた時代のことである。

ＧＨＱにすれば、松下グループは、まぎれもない軍需産業である。そのため、ＧＨＱから松下電器は会社解体、社主である幸之助はじめ常務以上の全役員が公職追放の指定を受けた。

会社解体は三井や三菱のような財閥とは次元が違うということで、解除になったが、社長の退陣を強く求められた。このとき、「幸之助さんは、残ってください」と歳男自身が辞任を申し出て、幸之助を庇《かば》ったという美談仕立ての話があるのは事実だ。

その一方で、公職追放になるのを恐れた幸之助が、歳男を身代わりとして追放したとの、アナザーストーリーが語り継がれている。

〈幸之助も弱気になって、歳男に向かって、ついつい本音を吐いたのだという。「平和産業中心主義を、お前がねじ曲げて軍需産業に向けてしまった。その結果が公職追放、戦犯の容疑まで受けかねない窮地まで追い込まれた。責任を取るのは、お前ではないか〉[★1]

歳男は昭和二一年一二月、突如として松下電器を去り、翌二二年一月に三洋電機製作所を興した。

歳男も幸之助も、この件については一切、口をつぐんだままなので、真相はわからない。その後の歳男と幸之助の絶縁状態を見れば、二人の間にかなり根深い確執があったことは間違いないだろう。

歳男の長男・敏は日本経済新聞に連載した『私の履歴書』に、子どもの頃、伯母・むめのの家に遊びに行ったときの、幸之助についての異様な思い出を記している。

〈正座してしきりに筆を動かしているので、つい覗くと金の字が並んでいる。私に気づくことなく、なおも一心に「金、金、金」と書き続けていた〉[★2]

〈(金が)命より大事だと錯覚する怖さを自問していたに違いない〉と、一応、断り書きをしているが、かなり悪意に満ちた書きっぷりである。歳男については〈父は松下のナンバー2の地位を捨て、あえてゼロから再スタートする道を選んだ〉と万感の思いを込めて書いている。

辞めた事情がうすうすわかるようになっていた井植家の嫡男、敏は、幸之助に対して良い感情を持っていなかったのは確かである。

再出発はフィリップスとの技術提携

松下幸之助にとって昭和二六(一九五一)年は画期的な年だった。病弱で旅行嫌いな彼が、初めて海外旅行をしたからだ。一月に米国に旅立ち、一〇月には欧米に出かけた。二度にわたる海外旅行は合計五カ月に及んだ。前年の昭和二五年に朝鮮戦争特需で一息がつき、いろいろな制限が解除された。縛りが解けた幸之助はすぐに行動を起こした。幸之助、五六歳の時である。

日本では一九五〇年代、戦時中の技術の空白を埋めるに当たり、「自主技術」でいくべきか、「輸入技術」でいくべきかという議論が闘わされていた。松下電器は、真空管技術の立ち遅れが目立っていた。であるならば、「優秀な信頼できる技術を持った会社から、その技術を買ったらええ。買えれば、これほど安い買い物はない」と幸之助は考えた。

幸之助は昭和二六年一〇月、オランダのフィリップス社を訪れた。フィリップス社は創業六〇年の歴史を持ち、当時、従業員七万五〇〇〇人を擁する世界的な電機メーカーであった。フィリップス家によって経営されていること、資源の乏しい国のオランダを本拠にしている点など、松下に相通じるところが、いくつもあった。

昭和二七年から提携交渉が始められた。交渉は甘いものではなかった。フィリップス社は厳しい条件を出してきた。

フィリップス社が当初出した条件は、共同出資の合弁会社を設立し、その資本金の七〇パーセントを松下が、三〇パーセントをフィリップス社が負担し、別にフィリップス側が技術指導料として売上高の七パーセントを取るというものだった。技術指導料七パーセントは、米国の三パーセントの倍以上だった。なぜ、こんなに高率なのか。

交渉の最中、幸之助は反撃の作戦を考えついた。交渉相手のフィリップス副社長のO・M・E・ルーパートに逆提案をした。

〈ただ、一つだけいわせてください。技術指導料を七%取るという話ですが、経営の責任は松下が負うのです。だとすれば、経営指導料をいただかなければなりません〉[★3]フィリップス社に技術の指導料を払うのであれば、経営を指導する松下にも指導料を払うべきだ、という提案だった。驚いたのはルーパートだ。

〈いまだかつて、経営指導料などという言葉は聞いたことはない。ましてや払ったこともない〉。それはそうだ。幸之助も、思いつきで初めて提案したのだから。

交渉は難航したが、幸之助の片腕の高橋荒太郎《あらたろう》の現地での粘り強い交渉の結果、先方が折れた。最終的にはフィリップス社が技術指導料四・五パーセントを、松下が経営指導料三パーセントを取ることで決着した。

昭和二七年一〇月、資本金六億六〇〇〇万円の松下電子工業が松下七〇パーセント、フィリップス社三〇パーセントの出資比率で設立された。技術提携の対象は電球・蛍光灯・電子管とされた。

幸之助は公職追放の解除をはじめ、あらゆる指定を解除されると、ただちにフィリップス社と技術提携するという、機敏さと積極性をあわせ持っていた。

▼▼▼「水道哲学」に裏打ちされた大量生産、大量販売

フィリップス社との提携による果実は大きかった。松下の電子技術のレベルを引き上げた。一九

五〇年代後半から六〇年代にかけての家電ブームによって松下は黄金期を迎えた。黄金期をもたらしたのは、幸之助の経営理念「水道哲学」だった。

昭和七（一九三二）年五月五日。大阪・堂島の中央電気倶楽部で松下電器製作所の「第一回創業記念式」が挙行された。創業者の幸之助は、集まった一六八人の社員に、産業人の使命について熱っぽく語りかけた。

「産業人の使命は、水道の水のごとく物質を豊富にかつ廉価に生産提供することである」。

これが「水道哲学」と呼ばれ、幸之助の経営理念の原点となった。

幸之助は、後年、水道哲学を着想した経緯について次のように語っている。

〈私は戦争前にふと感じたことがございます。非常に暑い盛りにですね、私は大阪の場末の町を歩いておりました。そこで町を通る（荷）車を引いた方が、ハッピを脱ぎ、汗をふき、暑さにたまらないから、道端にある水道の栓をひねって、水をごくごく飲んでいるわけです。その水を飲んでいる姿は非常に楽しそうで、嬉しそうである。

一杯の水がかくのごとき喜びを与えるもんかということを私は感じたのでございますが、その時にふと思ったのは、この水道の水はですね、一石《いっこく》なんぼの値《あたい》があるわけです。価格があるわけです。

どれほど貴重な物質でありましても、あらゆる物資が水道の水のごとくですね、値ありといえども安ければ、この世の中に貧乏というものはなくなるだろうと。水道の水のごとく安くするということは、大量生産することである、というような感じがふとしたんであります。（中略）結局の目的はですね、物質を多くつくって、たやすく消費するというような世の中を作るんだと。そうしていくところに生産者の使命というものがあるんだと〉[★4]

幸之助は、産業人の使命は生活に役立つものを安く、誰にでも買えるようにすることだと考えた。幸之助が選んだ方法は、大量に生産し、大量に販売することだった。

水道哲学が全面的に開花するのは高度成長時代に入ってからである。「三種の神器」になぞらえた洗濯機、電気冷蔵庫、白黒テレビが爆発的に売れた。家電ブームに乗って、生活に役立つものを安く、誰でも買えるようにしたいという水道哲学の理念が花開いた。

幸之助の独自の経営思想が多くの経営者の共感を呼び「経営の神様」と崇められるようになったのである。

4 日本発で世界初のものを創ってこそ人より先に進むことができる もの作りのモットーはこれだ!! 井深大

敗戦一カ月後に、疎開先の長野から東京に戻った井深大

終戦の詔勅を読み上げる玉音放送を、井深大は疎開先の長野県須坂で聞いた。井深の行動は電光石火だった。九月に上京した。

空襲が激しくなり、自分で立ち上げた日本測定器の工場は長野県の須坂へ疎開。周りが祖国の勝利を信じるなか、井深は違っていた。傍受した海外放送から敗戦が近いことを知った。井深は言った。「(戦争が)終わったらすぐ東京へ出るよ」。敗戦一〇日前のことだった。

このとき井深と行動を共にしたのは、太刀川《たちかわ》正三郎《しょうざぶろう》(後の経理担当取締役)、樋口《ひぐち》晃《あきら》(後の副社長)、安田《やすだ》順一《じゅんいち》らだった。太刀川は井深の遠縁、樋口は井深がスカウトしてきた人物で、安田は井深が高等無線学校で教えていた頃の教え子だ。

同年一〇月。日本橋にあった百貨店、白木屋《しろきや》の三階に「東京通信研究所」の看板を掲げた。日本の再生に向けて何でもやる気の人々、総勢八人が集まった。研究所といっても、焼け残ったビルの

一室の電話交換台がある狭い部屋だった。

とにかく仕事をしなければならない。井深が思いついたのは、ラジオの修理と改造である。短波受信用のコンバーター（周波数変換器）を取り付けた。井深の予想は見事的中。連日、壊れたラジオを抱えた人びとが列をなした。

この風景が義父、前田多門《まえだたもん》の友人で朝日新聞の論説主幹である嘉治隆一《かじりゆういち》の目にとまった。前田は内務官僚出身で朝日新聞論説委員を経て、戦後すぐの内閣で文部大臣を務めた。嘉治は一〇月六日付の紙面のコラム「青鉛筆」で「一般家庭に現在ある受信機でも一寸《ちよつと》手を加へれば簡単に短波放送を受信出来るといふこれは耳よりな話」として井深を取り上げた。

家業の造り酒屋を継ぐため愛知県常滑市の生家に帰っていた盛田昭夫は、朝日新聞のコラムで井深の活動を知った。

▼▼▼井深大と盛田昭夫が手を携えて東通工を設立

戦局が緊迫する昭和一九年、井深は新兵器を研究・開発する軍官民合同の科学技術研究会の委員として招かれた。その会合で井深は大阪大学理学部卒の若い海軍技術中尉、盛田昭夫を知る。二人は熱線を探知して飛ぶロケットの分科会に属していた。盛田は一三歳年上の井深を技術者としてだけでなく、人間として尊敬した。一方、井深は、物怖じせずズバズバ物を言う盛田の積極性が気に入った。この二人の出会いが、産業史において運命的なものとなった。
盛田は井深に手紙を出し再会を果たした。朝日新聞のコラムがなければ、盛田は造り酒屋の跡継ぎになっていたはずだ。

昭和二一年五月七日の昼、総勢二〇数名の小さな会社、東京通信工業（現・ソニー）の設立式が行われた。資本金は一九万円。社長には井深の義父の前田多門がなり、専務（技術担当）に井深、常務（営業担当）に盛田が就いた。時に井深三九歳、盛田二六歳だった。

草創期の東通工の取締役、株主、相談役には政財界を代表する大物が顔を揃えた。宮内庁長官になる田島道治《たじまみちじ》（後のソニー会長）、元帝國銀行会長の万代順四郎《まんだいじゅんしろう》（後のソニー会長）、首相になる石橋湛山《いしばしたんざん》、後の経団連会長の石坂泰三らだ。義父、前田多門の人脈である。

井深が前田とつながりを持つようになったのは、『銭形平次捕物控』で有名な小説家、野村胡堂《のむらこどう》の紹介だった。井深の母、さわは、野村の夫人と日本女子大学校（現・日本女子大学）の同級生で、家も近所でよく遊びに行ったらしい。三歳で父を亡くした井深は野村を慕い、幼稚園時代から社会人になってからも公私ともに世話になった。野村の軽井沢別荘の隣に住んでいたのが当時朝日新聞の論説委員をしていた前田多門だった。野村胡堂の薦めで井深は前田の二女と見合いし、昭和一一（一九三六）年に結婚した。井深の岳父となった前田多門は東通工の社長になり、野村胡堂は東通工に出資した。焼け跡からスタートしたベンチャー企業に、錚々たる人々が名を連ねたのは、まことに不思議な縁というほかはない。

設立式当日、井深はこう挨拶した。

〈大きな会社と同じことをやったのでは、我々はかなわない。しかし、技術の隙間はいくらでもある。我々は大会社ではできないことをやり、技術の力でもって祖国復興に役立てよう〉[★1]これが技術のソニーの原点である。

パリ万博で最優秀発明賞を受賞した天才発明家

「日本発、世界初のものを創ってこそ、人より先に進むことができるのだ」というのが、物作りにおける井深のモットーだった。井深は明治四一（一九〇八）年四月一一日、現在の栃木県日光市の清滝にある古河鉱業・日光銅精錬所の社宅で生まれた。東京高等工業（現・東京工業大学）卒の技術者だった父、甫《たすく》が勤務していたからだ。三歳の時に父が病死する。

親戚に引き取られ母とともに、東京、愛知、神戸と小学校を変わったが、小さい頃から機械いじりが大好きで、小遣いを溜めては真空管を買い、無線の組み立てに熱中した。母の再婚先である神戸市に転居、難関の神戸一中に進む。早稲田第一高等学院の理科から、昭和五（一九三〇）年に早稲田大学理工学部電気工学科に進学した。発電など花形の重電部門ではなく、当時はまだ遅れていた無線などの弱電を専攻する。利害より好き嫌いを優先させたところが井深流である。

井深は大学時代から奇抜な発明で有名だった。音声と連動して変化するネオンを開発し、「走るネオン」として特許を取った。走るネオンは、就職後にパリ万国博で優秀発明賞を受賞。天才発明家として、井深の名前は広まっていった。

東京芝浦電気（現・東芝）の入社試験を受けるも不採用。「君の好きな研究はなんでもやらせてあげる」と誘ってくれたPCL（現・東宝）に就職した。次に日本光音工業に転職。戦時色が強まる昭和一五（一九四〇）年には学友と日本測定器を設立し常務に就任した。音叉発信器を開発し潜水艦の探知機に利用されるなど、天才発明家の才能は縦横に生きた。そして敗戦を迎える。

▼▼▼ 国産第一号のテープレコーダーを開発

「物作りの天才」「天衣無縫の技術者」——。井深には発明家としての伝説がたくさん残る。

短波ラジオ用コンバータ、真空管電圧計などの技術で順調な業績を上げた井深は、昭和二五（一九五〇）年、国産第一号のテープレコーダーG－1を開発する。

井深は『私の履歴書』（日本経済新聞社）に、こう書いている。

〈私はこれまでいろいろな物をこしらえて商売にしてきたが、たいてい軍とか役所とか放送局のもので、与えられた仕様書によって作ったものばかりだった。それで何か大衆に直結した商品を、かねがねやってみたいと思っていた。ラジオは終戦後どこのメーカーでも手をつけていたので、それ以外のものとなると、録音機ぐらいしかないということになった。ちょうどそのときＮＨＫに米軍がテープレコーダーを一台持ち込んできたのを見せられた。これだ、われわれのつくるものは、これ以外にないとそのとき決心した。

だが、テープをつくると決心したものの第一、テープのベースをなんでつくるかで行き詰まった。当時は適当な材料が全くなかった。セロハンは伸び縮みが多く、紙でつくる以外に適当な材料がないということになった。一方磁気材料にも苦労した。

最初はザーザー雑音ばかりでなかなか思うような音が出てこなかった。いろいろやった末、なんとか音がでるようになった。苦労が大きかっただけに、みんなで手をとってうれし泣きに泣いた。このテープをこしらえ上げたことが、われわれにとっては「やればなんでもできるのだ」という大きな自信を与えてくれた〉[★2]

ソニー商品第一号のテープレコーダーが、その後の経営に与えた影響について、経済学者の猪木武徳は、こう指摘している。

〈初期は官庁需要に助けられたという点も見逃せない。真空管電圧計もそうであるが、商品第一号の一五キロの重いテープレコーダー（価格一七万円）を二四台購入したのは裁判所である。それはＩＢＭが、一九三五年の米国のニューディールによる社会保障法の成立によって、膨大の量のＩＢＭ統計機を政府に納入して成長を遂げたのに似ている〉［★3］

昭和二五年、井深は社長に就任した。技術陣に、テープレコーダーの携帯化への取り組むよう指示を出し、翌年には街頭録音で有名な携帯録音機Ｍ－1、通称「デンスケ」が登場する。「もっと小さくならないか」。井深は開発現場に自分の考えを押し付けることはせず、ゆったりと、こう問いかけたという。

「音」と「小さい坊や」を組み合わせたＳＯＮＹブランド

テープレコーダーで営業の基礎を固めた東通工は、トランジスタラジオに挑戦する。昭和二八年、米国のウエスタン・エレクトリック社と特許契約を結び、昭和三〇年にはトランジスタラジオＴＲ55を発売した。この年からＳＯＮＹマークを使えるようになった。

天才の井深が開発した製品を、国際感覚に優れたセールスマンの盛田が海外に売り込んだ。盛田の真骨頂は情報発信力にある。盛田は、どの国の消費者に抵抗なく読め、同じように発言できるブランド名を考えた。

それがラテン語で音を意味する「ＳＯＮＵＳ《ソヌス》」と英語で小さい坊やという「ＳＯＮ・ＮＹ」を組み合わせた「ＳＯＮＮＹ」だった。「ＳＯＮ」という言葉には、年下の男子に対して〝キミ〟と親しげに呼びかける使い方がある。しかし、「ソンニー」と発音される可能性がある。「ソン」は損を連想させる。そこで盛田はＮを一つとって「ＳＯＮＹ」としてはどうかと提案した。

「ＨＯＮＤＡ」ブランドの生みの親、本田技研工業の創業者、本田宗一郎にうらやましがられたという「ＳＯＮＹ」ブランドの誕生秘話である。「ＳＯＮＹ」は、井深と盛田がつくり育てた国際ブランドの最高傑作である。

トランジスタラジオは売れた。大量に売れた。船では間に合わず、飛行機のチャーター便で輸出した。

昭和三三年、それまで商標名として使っていたＳＯＮＹを正式な社名にした。翌年には世界初のトランジスタテレビを完成させた。

経済専門紙は〈まるでソニー神話をとぎれさせないように繰り出される新製品。それはもっと面白いモノ、より楽しいモノに向け、いつも新しい道を探す井深と、モノを作り上げ、具現化する開発チームの多彩な人材が生み出し続けたものである〉[★4]と称賛を惜しまなかった。

トランジスタからウォークマンまで、井深が送り出した新製品には技術では説明し切れない、人を引きつける何かがある。時代の予兆のようなものを、具体的な製品に練り上げる能力が井深には備わっていた。

▼▼▼物を作ったことがないやつは、皆だめだね

井深大は、ホンダを興した本田宗一郎と肝胆相照らす仲だった。共に、終生、発明少年のような好奇心を持ち続けたものづくりの天才であった。本田が他界後、井深は『わが友　本田宗一郎』（文春文庫）を著わした。二人の最後の対話が載っている。

〈井深　（創業当時）たしかに人材の育成ということをしているヒマもなかった。
本田　食うに困っていたのだから仕事をやるしかなかったからな。
井深　人間というのは仕事さえさせれば、その仕事を通して育ってくれる。育たないのは脱落していくものだ。
本田　仕事をしていれば自然に覚えるものだよ。
井深　わたしのとこで人集めする目安は、まず仕事が好きな人であることが第一条件ですよ〉

ソニーとホンダの創業者が口にする仕事とは、ものづくりのことである。二人の対話には、日本

のものづくりへの強い想いが語られる。
ものづくりの要諦を本田はこう言っている。

〈何千でもいいから、作ることだね。もったいないようだけど、捨てることが、一番巧妙な方法だね。捨てることを惜しんでいるやつは、いつまで経ってもできないね。物を苦労して作ったやつほど強いやつはいないね。物を作ったことがないやつは、皆駄目だね〉[★5]

「ソニーにしかできないことを、ソニーがやらなくなったら、ソニーでなくなる」

これがソニースピリットである。

創業以来、一〇年周期で消費者を熱狂させる斬新な商品を世に中に送り出してきたが、二〇〇〇年のプレイステーションⅡ以降、地球規模の大ヒット商品は生まれていない。

現在のソニーは、物作りの輝きを失っている。井深の言葉を噛みしめつつ、井深の盟友の本田宗一郎の「物を作ったことがないやつは、皆、駄目だね」に深くうなずくしかない。

5

助っ人に駆けつけたドクター社長
キヤノンを世界に飛翔させた経営の素人、御手洗毅

御手洗毅は昭和一七（一九四二）年九月、精機光学工業（現・キヤノン）の初代社長に就いた。その就任式で社員たちに、こう語りかけた。主力製品は三五ミリの高級カメラ。だが戦時中、高級品は売れず、下請け仕事で食いつないでいた。

〈自分は諸君がご存知のとおり医師の出身だ。もし僕をだまそうとすれば、それは諸君にとって赤ん坊の手もねじるようなもので、いとも簡単にできる。僕は君たちを信用する以外にない。経理の担当者が帳面をごまかそうと思えばできる。工場長が一万円の機械を買っても、僕はその機械が一万円なのか一万五〇〇〇円なのかもわからない。しかし、そんなことをやっていれば会社が潰れることは火を見るより明らかだ。そしてその責任は社長の私にある。私とともども、この会社を繁栄させていこうと思えば、みんなが誠心誠意やる以外にないのではないか〉［★1］

御手洗は東京・目白で産婦人科病院を開業していた。朝七時に東京・目黒の工場に出勤して従業

員を相手に朝礼をし、書類に目を通す。その後、自宅で着替えて、病院に駆けつける。病院に顔を出すのは毎日決まって一一時頃だった。

〈待合室はすでに妊産婦であふれ返っていた。「先生は毎日、往診が多くて大変ですね」。患者にいわれて、御手洗は返答につまった〉[★2]

産婦人科医と経営者。二足のわらじの生活は三年近く続いた。

ライカに負けないカメラづくりに立ちあがる

発端は昭和八（一九三三）年だった。

「敗戦国ドイツにライカ有り。日本は紡績では世界に肩を並べるまでになったが、精密工業なくして発展なし」。

カメラ好きの三人の青年がビヤホールで気勢をあげた。内田三郎、吉田五郎、御手洗毅である。御手洗は日本赤十字病院産婦人科医局に勤務していた。内田は山一證券に務める証券マンだ。内田は御手洗に妻を診てもらった縁で親交が深まった。内田の妻の兄が吉田で、カメラ好きが昂じて映画用撮影カメラや映写機の修理、改造の仕事をしていた。

吉田は、特殊な部品を買い付けのために上海に渡り、現地の米国人に「おまえの国は、軍艦はできても小さな部品はできないのか」とからかわれたことを悔しがった。

御手洗は「病院にある顕微鏡も、すべてドイツのツァイスかライカだ」と応じた。「他がやらないなら俺たちでライカやコンタックスに負けないものをつくろうじゃないか」と気炎をあげたのが吉田である。

酔いが回るうちに、自分たちの手で、ライカのようなカメラを作ろうという話に発展した。「大胆といおうか、無謀といおうか、今考えるとぞっとする」と御手洗は、後に回想している。

第一号カメラ〝観音〟に社名は由来

昭和八年、吉田五郎と内田三郎は、東京・六本木の木造アパートの三階を借りて、精機光学研究所の看板を掲げた。中心人物は、元来機械いじりが大好きだった吉田である。ライカのような高級カメラをつくるためには、多額の資金が必要になる。吉田が創業のパートナーに選んだのが、義弟の内田である。

翌年、内田の大阪時代の部下、前田武男（二代目社長）が加わった。彼等が志したのは、三五ミリカメラの最高峰、ドイツのライカである。その頃、銀行員などエリートサラリーマンの初任給が七〇円だったのに対して、ライカは四二〇円もした。高級カメラは、庶民には手が届かない高嶺の華だった。

吉田のカメラづくりは本格化し、翌九年、国産で初めて三五ミリカメラ「KAWANON＝カンノン」を試作した。価格は二〇〇円。カンノンと命名したのは、吉田が観音教信者であったからだ。やがて語呂のいいキヤノン（Canon）に変更し、本格的に市販した。

しかし、内田の知り合いで、個人的に技術指導に来ていた山口一太郎陸軍大尉（後に二・二六事件に連座）と、吉田は折り合いが悪く、わずか一年で研究所を去った。国産ライカをつくった男として評判を得た吉田は、大手映画会社から依頼を受け、外国製の映画用機材の改造・修理を引き受ける仕事を続けた。戦後は、アキハバラデパートで晩年まで働いていたといわれている。

戦後、いち早く高級カメラの生産を再開

高級カメラがそこそこ売れるようになったため、御手洗が実家や友人・知人を回って出資を仰ぎ、昭和一二年に目黒に工場を建て精機光学工業株式会社を設立した。社長を置かず内田が代表取締役専務となった。御手洗も役員に就くよう請われたが、常勤でなくても勤まる監査役になった。

御手洗の本業はあくまで医者。経営に、直接、関与するつもりはなかった。経営を支える個人投資家の役回りだ。現代流にいえばエンジェルである。

御手洗毅は明治三四（一九〇一）年三月一一日、大分県南海部郡蒲江村、現在の佐伯市で、代々医

師の旧家の五男に生まれた。毅の甥が元日本経団連会長で、現在、キヤノンの会長兼社長の御手洗冨士夫である。冨士夫については後述する。

毅は地元の佐伯中学（現・佐伯鶴城高校）を卒業。「ボーイズ・ビー・アンビシャス」のクラーク博士に共感して北海道帝国大学医学部に進んだ。昭和三年に卒業すると、翌年、上京して日赤病院に勤めた。そして、内田、吉田との親交が始まる。

御手洗は昭和一〇年、国際聖母病院産婦人科部長となり、この年、博士号を得た。昭和一五年、東京・目白に御手洗産婦人科病院を開業した。

昭和一六年に太平洋戦争が始まると、最高経営責任者である専務の内田がシンガポール司政官（占領地域の行政に従事する文官）に転出し、会社はトップ不在になってしまった。

「このままでは会社は潰れてしまう」という幹部社員の懇請で、御手洗は社長を引き受けた。産婦人科病院は、ようやく軌道に乗ったところだ。しかし、会社を閉じてしまえば、自分が奔走して株主になってもらった人々を裏切ることになる。従業員の生活のことも考えた。

御手洗の回顧によれば、社長を引き受けたのは「ちょっとしたはずみと、いうしか、言いようがない」。

「ぜいたくは敵」。戦時色が強まり、もはや高級カメラが売れる時代ではなかった。日本光学（現・ニコン）の下請けとして軍需製品をつくっていた。

新社長の御手洗が着目したのがX線カメラである。当時、結核は死に至る病として恐れられ、軍部でも感染に神経をとがらせていた。

御手洗は海軍軍務局に働きかけて受注に成功し、昭和一六年に「三五ミリX線間接撮影カメラ」を納入。陸軍からも受注し、年に一〇〇台を生産するまでになった。

昭和二〇年八月一五日、敗戦を迎えた。御手洗は気持ちの切り替えが早かった。空襲で焼失した御手洗産婦人科の再建を断念し、経営に専念することを決断した。目黒工場が無傷だったことが幸いした。御手洗は九月一〇日に、カメラの生産を再開した。

戦後、内田三郎はキヤノンに復帰することはなかった。日産コンツェルンの鮎川義介の薫陶を受けた内田は活躍の場を他に求めた。財閥解体で解散に追いやられた理化学研究所(理研)の第二会社として科学研究所(科研)を発足させた仁科芳雄博士に招かれ、昭和二五年に入社。事務・管理部門の担当常務として、科研の再建に尽力した。

▼▼▼われわれは打倒ライカを目指す

御手洗は、技術も経理もわからない経営の素人と公言したが、ドクター経営者はタダモノではなかった。戦後の混乱期に、多くの企業がなべ・かまの生産に手を伸ばすなか、高級カメラに固執し、海軍などの技術者を積極的に採用していった。給与は驚くほど安かったが、彼等がキヤノン発展の中核を担うことになる。

〈昭和二二年、キヤノンは創立一〇周年を迎えた。式典の席上、御手洗は「われわれは打倒ライカを目指す」と高らかに宣言した。

これを聞いた、日本光学の首脳が「何を大きいことを」と批判したと、聞き及んだ御手洗は「今にみておれ」と憤り、翌年には、日本光学のニッコレンズの使用を止め、自社開発のセレナーレンズに全面的に切り替えた。〉[★3]

キヤノンとニコン。一眼レフカメラの双璧をなす両社の争いは、この時から始まった。

社名もキヤノンカメラに変更した（その後、キヤノン）。「世界に出るには、ブランドと社名は一致した方が良い。Canonのスペルは世界共通に発音される」という理由からだった。

昭和二四年に東京証券取引所に株式を上場するにあたって、カタカナの社名は品格がないと、ひと悶着があったが、御手洗はキヤノンで押し通した。キヤノンは、カタカナ社名上場の第一号である。東京通信工業がソニーとなったのは昭和三三年のことである。

▼▼▼自分で産んだ子は自分で育てる

講和条約の締結前の昭和二五（一九五〇）年八月四日、キヤノンカメラ社長の御手洗毅は、羽田からアメリカンワールド航空機で米国に旅立った。

鞄の中には「打倒ライカ」の夢をかけた試作機が収まっていた。ライカにもない「一眼式連動距離計機構」と「レール直結フラッシュ装置」を備えた、最先端を行く三五ミリカメラである。

この試作機を持参して、シカゴのベル・アンド・ハウエル社に販売代理店になってもらうよう乗り込んだ。二九歳の新社長、チャールズ・H・パーシーにアポイントがとれた。「これからヨーロッパに新婚旅行に出るので、一カ月後でよければ」ということだった。一カ月後、ようやくパーシーと会うことができたが、反応は冷たかった。

〈我々の技術陣があらゆる角度から検討した結果、ライカより数段上のカメラだと評価できる。しかし、営業部門の検討結果は残念ながら「ノー」だ。メード・イン・オキュパイド・ジャパンというのは致命的だ。これがドイツ製ならホットケーキのごとく売れるだろう。さらにいえば、貴社の木造工場にも懸念を抱いている。もし火災でも起こして供給が途絶えれば、わが社の信用が傷つくことになる〉［★4］

「カメラは良くても日本製では売れない」といわれて落胆する御手洗に、パーシー社長は言葉を継いだ。

「いかがでしょう。キヤノンブランドにこだわらず、当社のブランドであれば問題はクリアできる。その条件なら総代理店契約を検討してもよいのだが」

オキュパイドとは、占領下という意味だ。パーシーの言葉に御手洗は激怒した。

「やせても枯れても一国一城の主《あるじ》、城を売り渡すことはできない。何を馬鹿なことを言う。日本に精密工業を興すためにキヤノンをつくったのだ。自分で産んだ子は自分で育てる」[★5]

よほど悔しかったのだろう。帰国後、『文藝春秋』で御木本真珠店の社長らと「メイド・イン・ジャパンの悲哀」について鼎談。「日本製の信頼のなさは一朝一夕ではなくならない」と嘆いた。

「安かろう、悪かろう」が日本製品の代名詞の時代だった。

敵は軍門に下った

屈辱を晴らす日は意外と早く訪れた。一〇年後の昭和三五年には日本のカメラ生産額は米独と肩を並べた。あのベル・アンド・ハウエル社のほうから「キヤノン製品をわが社に売らせてほしい」と要請してきた。

「あの悲哀から一〇年。長かったとも、よくぞ一〇年で、(ここまで来た)とも思う。敵は軍門に下った」。御手洗の心境は、いかばかりだったろう。

昭和三八年、「夢のカメラ」と呼ばれた自動焦点(AF)カメラを世界で初めて発表する。ベトナム戦争の時には、従軍カメラマンの多くが日本製カメラを使った。

家電、自動車に先かげて、御手洗のカメラが日本製品として初めて世界を制覇したのである。キヤノンの草創期の輝かしい成果であった。

キヤノンを世界に飛翔させたドクター・御手洗毅は、プロ経営者になった。

キヤノンの中興の祖は三代目社長の賀来《かく》龍三郎。事業の多角化に成功し、キヤノンを国際的な優良企業に押し上げた。その賀来は創業家に大政奉還し、毅の長男の肇が五代目社長に就いた。しかし、肇は平成七(一九九五)年、五六歳の若さで急逝する。急遽、毅の甥の冨士夫が社長になり、米国型実力主義を生かした日本型終身雇用制という「和魂洋才の経営手法」でキヤノンを躍進させたことは知られるところだろう。[★6]

キヤノンは経営に政治を絡めない社風だったが、御手洗冨士夫が、平成一八年(二〇〇六年)にIT関連業界初の経団連会長になったことから変わった。[★7]

冨士夫は安倍首相の財界・経済界の相談相手である。安倍首相が財界人とゴルフする時のメンバーの選定の窓口は、今でも冨士夫である。平成二七年(二〇一五年)五月のゴールデンウイーク中にも、御手洗、榊原定征・経団連会長、渡文明・ＪＸホールディングス元会長（現・名誉顧問）という、いつものメンバーで安倍首相とゴルフをやった。

八〇歳になんなんとする冨士夫は現在もキヤノンの社長兼会長だ。毅がキヤノンを創立した当時の若さや自由闊達さは、残念ながら今のキヤノンにはない。

▼あとがき

プロ経営者を、どう評価すればいいのか。

彼等の評価は、彼等が去った後に、その企業がどうなったかを見れば一目瞭然だ。早くも、プロ経営者の経営にほころびが生じてきた。

マイナス評価が際立ってきたのが原田泳幸だ。日本マクドナルドホールディングスの業績が大きく落ち込んだ。二〇一五年一二月期の税引き後損益の予想は、現時点で三八〇億円の赤字。さらに拡大するかもしれない。二期連続で赤字になる。売上高も一〇％減を見込む。

日本マクドナルドＨＤの経営悪化は、異物混入問題などの対応のまずさから、消費者の信頼を失ったことだけが原因ではない。長年経営を担った原田が推し進めた直営店からフランチャイズ店への急激な転換のツケが回ってきたのだ。経営のスピードを上げたことが、サービスの向上と反比例した。現場力が低下したのである。

こうした苦境をよそに、二〇一五年三月に退職した原田は二〇一四年分の役員報酬と退職慰労金とで、合わせて三億三九〇〇万円を受け取った。

日本マクドナルドHDは三月二五日に開いた株主総会で原田の退職慰労金の具体的な額を示さず、「会社一任」をとりつけ、翌二六日に有価証券報告書で金額を公表した。基本報酬は一億六九〇〇万円、退職慰労金は一億七〇〇〇万円だった。

日本マクドナルドの経営危機の〝A級戦犯〟といわれている原田泳幸前会長に、一億七〇〇〇万円の退職慰労金が支払われることが株主総会で明らかになっていたら、「退職慰労金を返上させろ」と紛糾していたことだろう。

プロ経営者、新浪剛史が去った後に、ローソンは「ローソンストア100」の大量閉店を打ち出した。「ローソンストア100」は、新浪が掲げる〝脱コンビニ〟の目玉の施策だった。ローソンの経営陣は、新浪が在籍中には、〝聖域〟に手をつけることを遠慮していたが、サントリーに移ったら、大量閉店に踏み切った。新浪が敷いた路線を軌道修正したわけだ。

新浪がローソンを建て直した功績は大きいが、「ローソンストア100」は明らかな戦略ミスだった。

新浪、原田は新天地で、「これぞプロ経営者だ」という、誰にも文句を言わせないだけの実績を残さなければならないだろう。

プロ経営者に課せられた任務とは何か。企業のイノベーション（革新）である。新しい製品、新しい生産方法&経営組織、新市場を開拓するために、即、改革を断行する行動力が求められる。やり方を変えるには、まず、破壊が必要だ。既存の秩序や慣行に対する破壊者にならなければならない。やろうとすれば、激しい抵抗にあう。プロ経営者は、社内の猛反発を受けてもたじろがないタフな神経が必要だ。修羅場に強いことが絶対条件になる。

修羅場を経験してきたことが、彼等が招聘された、大きな理由だ。

プロ経営者の真の仕事とは、「破壊とイノベーション」を、同時にやり遂げることだ。だが、一人で二役をこなすのは難しい。

原田泳幸は修羅場には滅法強かった。「100円マック」の導入など、従来のマクドナルドのやり方を徹底的に破壊したが、「100円マック」以外に新しい製品や新しい市場を開拓できなかった。現場は疲弊し、イノベーションに失敗した。

破壊とイノベーションを同時に達成したプロ経営者は誰なのか。

アサヒビール（現・アサヒグループホールディングス）の再建社長として送り込まれた樋口廣太郎が、近年、プロ経営者として再評価されている。破壊とイノベーションを同時にやり遂げたからだ。

樋口は一九八六年三月に住友銀行の副頭取からアサヒビールの社長に転じた。

当時、同社は〝夕日ビール〟と酷評されるほどの経営難に直面していた。住友銀行からアサヒビールとの提携を打診された同業他社のトップは「溺れかけている犬を救うバカはおらんでしょう」と言い放ったと伝えられている。

住友銀行は樋口をアサヒの再建ではなく幕引きのために送り込んだ。もし、彼が社長になっていなければ、アサヒビールは法的処理（＝倒産）されていた可能性が高い。〝夕日ビール〟が輝きを取り戻したのは、新製品「スーパードライ」を発売するという決断があったからだ。

一九八七年から八八年にかけての〝スーパードライ戦争〟でアサヒビールは圧勝した。スーパードライは、日本のビール市場のターニングポイントとなるほどの大ヒットを記録した。樋口はアサヒビールにイノベーションをもたらし、プロ経営者だったことを実証した。

これから、プロ経営者を評価するときには、カルビーの松本晃と、樋口の事績が基準になるだろう。「四半期決算」といった超短期の業績や株価を押し上げることは、当たり前である。これは生え抜きの経営者でも同じことだ。経営者の宿命なのである。

引用文は文意が変わらないよう留意したが、表現や語尾などは一部、筆者のスタイルに合わせたことを、お断りしておく。

有森隆

▼参考資料

第Ⅰ部　再び「プロ経営者」の時代が来た

1　新浪剛史

★1――吉岡秀子『ローソン再生、そしてサントリーへ　プロ経営者新浪剛史』（朝日新聞出版、二〇一四年）
★2――同右
★3――財部誠一『ローソンの告白――だから個人も組織も成長できる』（PHP研究所、二〇一三年）
★4――前掲、吉岡秀子著
★5――「ルビコンの決断　100円コンビニの衝撃」（テレビ東京、二〇一〇年三月四日放映）

2　藤森義明

★1――「人間発見　グローバルで勝つ！　LIXILグループ社長兼CEO 藤森義明さん」（「日本経済新聞」二〇一四年一月二〇日～二四日付夕刊）
★2――「突破する力　藤森義明　米GE上席副社長」（「朝日新聞GLOBE」ネット版　二〇〇九年二月三日付）

★3――「住生活、根付くGE流　元幹部・藤森氏の新体制始動」（『日経産業新聞』二〇一一年八月二日付）

★4――「トップの業績を堂々と否定できる人　右腕にしたい人材の条件LIXILグループ藤森義明社長」（『PRESIDENT』二〇一三年三月四日号）

★5――「LIXIL優良子会社はなぜ破産したのか」（『週刊東洋経済』二〇一五年六月六日号）

3　**原田泳幸**

★1――原田泳幸「厄病神批判に答えよう」（『PRESIDENT』二〇一五年二月二日号）

★2――同右

★3――同右

★4――有森隆『非情な社長が「儲ける」会社をつくる――日本的経営は死んだ』（さくら舎、二〇一三年）

★5――池田信太朗「マック、名実ともに〝外資〟に」（『日経ビジネスオンライン』二〇一二年二月二五日付）

★6――同右

★7――原田泳幸『勝ち続ける経営　日本マクドナルド原田泳幸の経営改革論』（朝日新聞出版、二〇一一年）

4　**松本晃**

★1――「人間発見　経営は難しくない　カルビー会長兼CEO松本晃さん」（『日本経済新聞』二〇一三年二月一八日〜二二日付夕刊）

★2――「カルビーはどうやって儲かる会社に変わったか　カルビー松本晃会長兼CEOインタビュー」

(「DIAMONDハーバード・ビジネス・レビュー」二〇一四年九月一〇日付)
★3――「中期計画は『ロシア式』ではなく『Dreams Come True!』で」(「経済界」オンライン版 二〇一五年二月二五日付)
★4――白河桃子「日本のダイバーシティが『Toooooo late』な理由」(「PRESIDENT WOMAN Online」二〇一四年八月二六日配信)
★5――松本晃「にいまる・さんまる一番乗り!」(「経済界」オンライン版 二〇一四年八月一八日付)
★6――前掲白河
★7――同右
★8――前掲日本経済新聞「人間発見」
★9――同右
★10――前掲DIAMONDハーバード・ビジネス・レビュー
★11――同右
★12――同右
★13――同右

5 魚谷雅彦

★1――街風隆雄「自由の発想を引き出す『身在事外』資生堂社長 魚谷雅彦」(「PRESIDENT」オンライン 二〇一五年三月一九日付)
★2――「人との出会い、きっかけからチャンスを引き込み活用する能力 日本コカ・コーラ上級副社長 魚谷雅彦」(「週刊ダイヤモンド」一九九六年九月二八日号)

★3――同右
★4――菅野宏哉「白熱する缶コーヒー商戦の仕掛け人　魚谷雅彦氏 日本コカ・コーラ上級副社長」（「日経ビジネス」一九九七年二月三日号）
★5――前田佳子「ジョージアが売れない！　王者コカ・コーラの誤算」（「週刊東洋経済」二〇〇六年七月二九日号）
★6――魚谷雅彦『こころを動かすマーケティング』（ダイヤモンド社、二〇〇九年）
★7――前掲菅野

6　作田久男

★1――「ルネサス作田CEOがM&Aを示唆　相次ぐ競合の買収ニュースに『心中穏やかではない』」（「EE Times Japan」二〇一四年九月三日付）
★2――「オムロン社長　作田久男　編集長インタビュー」（「週刊ダイヤモンド」二〇〇五年一一月一九日号）
★3――「ルネサスの社員は（事業に対する）当事者意識が低い――作田氏がルネサス変革プランを説明」（「EE Times Japan」二〇一三年一〇月三〇日付）
★4――同右
★5――同右
★6――「果てなきルネサス改革、賃金制度にもメス」（「週刊東洋経済」二〇一四年九月六日号）
★7――前掲EE Times Japan
★8――前掲週刊東洋経済

7　**八城政基**

★1——菊池雅志「新生銀行会長　八城政基は勝ったのか」（「文藝春秋」二〇〇五年四月号）
★2——同右
★3——野口均「現代の肖像　八城政基」（「ＡＥＲＡ」一九九九年二月一日号）
★4——同右
★5——前掲菊池
★6——有森隆『銀行消滅（上）』（講談社＋α文庫、二〇一〇年）
★7——「証言そのとき、八城政基」（「朝日新聞」二〇一三年一〇月二八日付朝刊）

8　**水留浩一**

★1——二階堂遼馬「〝お家騒動〟克服『あきんどスシロー』に学ぶ再生術」（「週刊東洋経済」二〇一一年一〇月一五日号）
★2——松浦大「スクープ！スシローのナンバーツーが退社」（「東洋経済オンライン」二〇一四年三月五日付）
★3——「日航再建（4）消えた象徴『747』（迫真）」（「日本経済新聞」二〇一二年九月二七日付朝刊）
★4——遠藤典子「ＪＡＬの整理解雇不当裁判は日本型雇用に一石を投じるか」（「ダイヤモンドオンライン」二〇一一年二月二一日付）
★5——水留浩一「戦略的上場廃止」（ローランド・ベルガーのレポート「視点」二〇〇五年一一月号）

第Ⅱ部　戦前は「プロ経営者」の時代だった

1　はじめに

★1――宮本又郎『企業家たちの挑戦　日本の近代11』（中央公論新社、一九九九年、中公文庫、二〇一三年）

★2――同右

2　宮島清次郎と財界四天王

★1――三鬼陽之助「池田勇人その金権の背景」（『文藝春秋』一九六一年新年号）

★2――同右

★3――大谷健『戦後財界人列伝――日本経済のバックボーン』（産業能率大学出版部刊、一九七九年）

★4――同右

★5――同右

★6――同右

★7――『桜田武「闘う日経連」の旗揚げ』（日本経済新聞社編『20世紀日本の経済人』日経ビジネス人文庫、二〇〇〇年）

★8――前掲大谷

★9――同右

★10――福本邦雄・福田和也対談「実録『政治と金』財界四天王の支配」（『文藝春秋』二〇〇五年五月号）

★11――奥村宏『徹底検証　日本の財界――混迷する経団連の実像』（七つ森書館、二〇一〇年）

★12――前掲大谷
★13――前掲福本・福田

3 **松永安左エ門**

★1――柳田邦夫「松永安左エ門――電力再編成に揮った〝鬼〟の手腕」(「現代の眼」一九八〇年八月号)
★2――『統制廃し、孤高の民営路線　松永安左エ門』(日本経済新聞社編『20世紀日本の経済人』日経ビジネス人文庫、二〇〇〇年)
★3――同右
★4――三鬼陽之助「池田勇人　その金権の背景」(「文藝春秋」一九六一年新年号)
★5――同右
★6――有森隆『株マフィアの闇「巨悪」欲望の暗闘史3』(だいわ文庫、二〇〇八年)
★7――同右
★8――杉田望「松永安左エ門――官に抗し9電力体制を築いた男」J-Net21(中小企業ビジネス支援サイト)「明治・大正・昭和のベンチャーたち」(中小企業基盤整備機構編)
★9――栗原俊雄『勲章　知られざる素顔』(岩波新書、二〇一一年)
★10――有森隆『仕事で一番大事にしたい31の言葉』(大和書房、二〇一一年)

2　石坂泰三と土光敏夫

★1――土光陽一郎・石坂泰彦対談「日本には親父のような財界総理が必要だ」（「文藝春秋」二〇一五年四月号）
★2――同右
★3――大谷健『戦後財界人列伝――日本経済のバックボーン』（産業能率大学出版部刊、一九七九年）
★4――同右
★5――同右
★6――同右
★7――中島誠「石坂泰三　産別潰しの先兵から財界の帝王へ」（「現代の眼」一九八〇年八月号）
★8――榊原博行『第四代経団連会長　土光敏夫氏』（日本工業新聞社編『決断力（上）』日本工業新聞社、二〇〇一年）
★9――同右
★10――同右
★11――同右
★12――『質素な再建請負人　土光敏夫』（日本経済新聞社編『20世紀日本の経済人』日経ビジネス人文庫二〇〇〇年）

3　松下幸之助

★1――有森隆『創業家物語』（講談社＋α文庫、二〇〇八年）
★2――井植敏『私の履歴書』（日本経済新聞社、二〇〇四年）
★3――片山修『松下電器産業　松下幸之助氏』（日本工業新聞社編『決断力（上）』、日本工業新聞社、二〇〇一年）
★4――「『経営の神様』松下幸之助が考えたこと」（日経トップリーダーonline、二〇〇六年八月八日付）

4 井深大

★1――「Sony History」（ソニーのHPより。創立五〇周年記念誌『源流』（一九九六年八月発行）の要約）
★2――井深大『私の履歴書』（日本経済新聞社、一九九二年、日経ビジネス人文庫、二〇一二年）
★3――猪木武徳「経済成長の果実　日本の近代7」（中央公論新社、二〇〇〇年、中央文庫、二〇一三年）
★4――『世界のソニー創業　井深大』（日本経済新聞編『20世紀　日本の経済人』日経ビジネス人文庫所収、二〇〇〇年）
★5――井深大『わが友　本田宗一郎』（文春文庫、一九九五年）

5 御手洗毅

★1――有森隆『仕事で一番大切にしたい31の言葉』（大和書房、二〇一一年）
★2――『世界で「日本製」の評価確立　御手洗毅』（日本経済新聞社編『20世紀日本の経済人Ⅱ』日経ビジネス人文庫、二〇〇一年）
★3――森部信次『キヤノン　御手洗毅氏』日本工業新聞編『決断力（上）』日本工業新聞社、二〇〇一年）
★4――同右

★5――前掲有森
★6――有森隆『創業家物語』（講談社＋α文庫、二〇〇八年）
★7――同右

［著者略歴］
有森 隆（ありもり・たかし）

ジャーナリスト
1969年早稲田大学文学部卒業。30年間全国紙で経済記者を務めた。経済・産業界での豊富な人脈を活かし、経済事件などをテーマに精力的な取材・執筆活動を続けている。主著に『「小泉規制改革」を利権にした男　宮内義彦』『日銀エリートの「挫折と転落」――木村剛「天、我に味方せず」』（以上、講談社）、『経営者を格付けする』（草思社）、『海外大型M＆A大失敗の内幕』『経済情報の裏読み先読み』『世襲企業の興亡』『非情な社長が「儲ける」会社をつくる』（以上、さくら舎）、『リーダーズ・イン・ジャパン』（実業之日本社）、『ネットバブル』『日本企業モラルハザード史』（以上、文春新書）、『創業家物語』（講談社＋α文庫）、『仕事で一番大切にしたい31の言葉』（大和書房）、『異端社長の流儀』（だいわ文庫）など多数。

プロ経営者の時代

二〇一五年八月三〇日　初版第一刷発行

著者　有森 隆
発行者　千倉成示
発行所　株式会社 千倉書房
〒一〇四－〇〇三一
東京都中央区京橋二－四－一二
〇三－三二七三－三九三一（代表）
http://www.chikura.co.jp/

印刷・製本　藤原印刷株式会社
造本・装丁　米谷豪

ISBN 978-4-8051-1064-5 C3034

卸売流通動態論

西村順二 著

中間流通における仕入取引と販売取引の連動性を軸に、卸売流通変化のメカニズムや卸売業態を解明する。

❖A5判／本体 三二〇〇円＋税／978-4-8051-0928-1

〔新装版〕企業社会のリコンストラクション

谷本寛治 著

企業社会システムがいかにつくられ、つくりかえられるか。企業とステイクホルダー、社会的責任等の課題を論じた古典的名著。

❖A5判／本体 三八〇〇円＋税／978-4-8051-0898-7

業態の盛衰

田村正紀 著

スーパー、百貨店など各種流通業態とその代表企業は如何に台頭し、衰退するのか。業態盛衰過程の本格的な実証研究。

❖A5判／本体 二八〇〇円＋税／978-4-8051-0918-2

表示価格は二〇一五年八月現在

千倉書房

小売視点のブランド・コミュニケーション

寺本高 著

「ブランドのファンになってもらう」ための小売店頭コミュニケーションとは。その発展のあり方を実証分析する。

❖A5判／本体 三二〇〇円＋税／978-4-8051-1003-4

「コト発想」からの価値づくり

谷地弘安 著

なぜ優れた商品・優れた技術が顧客価値に結びつかないのか。「モノづくり」に対する技術者のマーケティングを考える。

❖A5判／本体 二二〇〇円＋税／978-4-8051-0992-2

実践ソーシャルイノベーション

野中郁次郎・廣瀬文乃・平田透 共著

如何なるリーダーシップが地域社会を活性化させ、新しい産業や政治的・経済的プロセスを生み出したのかを探る。

❖四六判／本体 二七〇〇円＋税／978-4-8051-1033-1

表示価格は二〇一五年八月現在

深化する日本の経営
岡本大輔・古川靖洋・佐藤和・馬場杉夫 共著
日本企業再生のために社会・トップ・戦略・組織から日本企業の経営を再検討。変えるべきもの、残すべきものを探索。
❖Ａ５判／本体　三二〇〇円＋税／978-4-8051-0991-5

セブン-イレブンの足跡
田村正紀 著
四〇年にわたり高成長率を持続するセブン-イレブン。豊富なデータと先端事例分析を駆使し、その進化過程を解明する。
❖四六判／本体　二五〇〇円＋税／978-4-8051-1000-3

日本発のマーケティング
清水聰 著
欧米のマーケティング理論そのままではなく、世界で戦える日本発のマーケティング研究のあり方、新しい理論を提示する。
❖Ａ５判／本体　三六〇〇円＋税／978-4-8051-1019-5

表示価格は二〇一五年八月現在